ロジャーズの
中核三条件

▼▼▼

受容

無条件の積極的関心

カウンセリングの本質を考える ②

Unconditional
Positive Regards

飯長喜一郎──［監修］

坂中正義・三國牧子・本山智敬──［編著］

創元社

Introduction

坂中正義・本山智敬・三國牧子

　心理臨床に携わる者にとって、カウンセラーの本質的態度としてのロジャーズの"中核三条件"（一致、無条件の積極的関心、共感的理解）は、臨床実践の基盤をささえるものとして広く認知されている。また、この態度は、カウンセラーのみならず、あらゆる対人援助職に共通して必要な態度条件であるともいわれている。しかし、有名であるが故に基礎的知識として学びはするものの、どれだけの人がこの態度条件と真摯に向き合い、その意味を深く理解しているであろうか。

　このような風潮を危惧してか、最近、"中核三条件"についての学会誌での特集やシンポジウムなどが増えている。喜ばしいことである。ロジャーズの"中核三条件"の一つひとつを丁寧に捉え直していくことは、一見、懐古的なようで、逆に新鮮な問題提起となるであろう。そのようなことを意図して、2011年初頭から編者のあいだで暖めてきたのが本シリーズである。

　本シリーズの構成について述べる前に、"中核三条件"について簡単に言及しておきたい。そもそも"中核三条件"とは、人間性心理学のひとつであるパーソンセンタード・アプローチを発展させたカール・ロジャーズが1957年に提示した「治療的パーソナリティ変化のための必要十分条件」の六条件のうち、カウンセラーの態度に関わる第3条件、第4条件、第5条件をピックアップしたものである。Rogers（1957）が提示した六条件は以下の通りである。

(1) 二人の人が心理的な接触をもっていること。
　(2) 第一の人（クライエントと呼ぶことにする）は、不一致の状態にあり、傷つきやすく、不安な状態にあること。
　(3) 第二の人（セラピストと呼ぶことにする）は、その関係のなかで一致しており、統合していること。
　(4) セラピストは、クライエントに対して無条件の積極的関心を体験していること。
　(5) セラピストは、クライエントの内的照合枠に対する共感的理解を体験しており、この体験をクライエントに伝えようと努めていること。
　(6) セラピストの体験している共感的理解と無条件の積極的関心が、最低限度クライエントに伝わっていること。

（坂中, 2014より）

　以下、"中核三条件"について、その概要を述べる。なお、いずれの態度もいくつかの表記があるが、本シリーズでは統一した表記を用いる。そのために編者間で行った議論もここで示す。

*****

　第3条件が《一致》である。
　セラピストはクライエントとの関係での自己の内的な体験に気づき、ありのままの自分でいようとする。つまり、関係のなかでセラピストが体験していること（体験レベル）と、意識していること（意識レベル）とが一致しているということである。
　このように書くと、セラピストはあたかも模範的人間でなければならないように聞こえるかもしれないが、実際はそうではない。セラピストの体験には「このクライエントの話が聴けない」とか、「自分はこの人のことを怖がっている」といったマイナスの感情が含まれることもあろう。しかし、こうした体験を自分の意識に否定せずに、純粋で偽りのない姿でいようとすることが大切なのである。

またここで誤解してはいけないのは、セラピストが自分の感情の全てを包み隠さずクライエントに伝えることが一致の態度なのではない、ということである。クライエントに伝えるかどうか、伝えるとすればどのように伝えるかを、これまた自分の内的体験を丁寧に吟味しながら考えていくことそれ自体が、この態度条件の本質だといえる。このようにクライエントとの間に真実の関係を作ろうとするセラピストの態度に触れ、クライエントは少しずつ自分のなかの真実に目を向け、探求するようになるのである。

　なお、本書では《一致》と表記する。この態度は〈自己一致〉と表記されることも多いが、この表記は、この態度のもつ「セラピストとクライエントの関係のなかでの」という特質を適切に表していないと編者は考えた。〈自己一致〉といってしまうと、どこかクライエントの文脈が外れて、あたかも一般的な「セラピストのあるべき姿」として語っているかのように感じられる。また、「伝える」という側面を強調するような用語として、日本では染み付いている感じがするので、そこから脱却したいという思いも込めている。

　第4条件が《無条件の積極的関心》である。
　カウンセリングでは、クライエントの「ここではどんなことを話しても大丈夫な場である」という感覚が大切である。それは「心理的に安全な雰囲気・関係づくり」とかかわっている。そのためには、カウンセラー自身の「良い」「悪い」といった価値判断を脇において、評価せずにその人そのものへ積極的な関心を持つことが大切である。
　日頃の人間関係は「あなたが私の意見と同じ場合には関心を向けますよ」といった、条件付きの関心であることが多い。しかし、カウンセリングでは、クライエントへ積極的関心を持つことに何の条件も存在しない、そのようなカウンセラーの在り方が《無条件の積極的関心》である。
　評価せずにとは、否定しないことは言わずもがなであるが、肯定することも同様に評価とみなす。そういった話の内容にとらわれず、相手そのものを聴くことがこの態度である。虚心坦懐に相手に耳を傾ける、その人の

存在を大切にするともいいかえられよう。この態度は、クライエントの受け入れられているという実感につながり、この場の安全感を醸成する。また、カウンセラーにどう評価されるか（ひいては、他者にどう評価されるかにつながる）ではなく、自分自身は何を体験し、感じているのかという自身との対話を促進する。

なお、本書では《無条件の積極的関心》と表記する。この態度は英文では"Unconditional Positive Regard"であるが、PositiveとRegardの訳の組み合わせから、〈無条件の積極的関心〉〈無条件の肯定的関心〉〈無条件の積極的配慮〉〈無条件の肯定的配慮〉の四つの表記がある。

「肯定的」ではなく「積極的」としたのは、「肯定的」は、支持、励ましといった誤解とつながる懸念からである（もちろんこの場合の「肯定的」は、人格のあらゆる面を深い部分で取捨選択なく「みとめる」という意味であり、その説明にも一定の理解はもっている）。

「配慮」でなく「関心」としたのも、ほぼ同様の理由で、中立的なニュアンスの強い「関心」を使うこととした。

なお、この態度を単純に〈受容〉と表現することがある。この用語は日常的で分かりやすいが、それゆえ誤解を受けるおそれがあること、また、《無条件の積極的関心》に比べ、多義的であることから、本文中では用いないこととした。ただし、あまりに流布した用語であることは考慮して、分冊タイトルには並記した。

第5条件が《共感的理解》である。

《共感的理解》は、カウンセラーがクライエントの話を理解していることを示すために、とても大切な役割を果たしている。クライエントはカウンセラーに話をする。そして、カウンセラーはその話を聴き、クライエントの生きている世界、感じている現実、考えや感情的な部分などを、クライエントの感じているままに理解しようと努める。そしてカウンセラーは、クライエントの言葉を用いて、時にはカウンセラー自身の言葉に代えてその理解をクライエントに伝える。

多くのクライエントは「自身の話をわかってもらいたい」「自分のことを知ってもらいたい」と願っており、カウンセラーが共感的理解を示すこと

により、クライエントが「カウンセラーに分かってもらえた」「知ってもらえた」と感じることが可能となる。そしてこのような感じは、クライエントが自身をより理解したり、新しいことや困難な事に直面したりする時に、自分ひとりで行うのではなく、カウンセラーが共に自身の困難な選択に付き合ってくれると感じ、より大きなステップを歩む手助けとなる。またカウンセラーによる《共感的理解》は、クライエントのカウンセリングのプロセスを促すことに役立っている。そしてクライエントがより自分自身を理解することとなる。

　なお、本書では《共感的理解》と表記する。この態度は〈共感〉と表記することもあるが、「共感」という言葉はあまりに日常化され過ぎており、それゆえ、日常的に使っているものと混同されることが懸念される。また、この態度では、クライエントを「理解」しようとする姿勢が大切であり、「理解」という言葉を伴って初めて正確に表現できると考えるからである。

*****

　本シリーズは、単なる"中核三条件"の解説・入門書にとどまらず、新たな視点に触れられるように構成を検討した。よって次のような意図をもって編集されている。

- 入門書ではないが、初学者にも配慮した構成とする。
- 心理臨床家をはじめとする対人援助職にとって、自分の実践を振り返る機会となるような内容とする。
- 単なる理論紹介ではなく、実践に根ざした論も盛り込む。
- 海外のロジャーズ派心理臨床家の論考も紹介する。
- ロジャーズ派だけでなく、他学派からみた中核3条件論も収録する。

　以上をふまえ本シリーズは、《一致》《受容：無条件の積極的関心》《共感的理解》の三分冊とし、各分冊は基礎編、発展・実践編、特別編の三部構成とした。
　基礎編では、その分冊で取り扱う態度条件についての基礎的な知見を編

者が解説している。

　発展・実践編では、その分冊で取り扱う態度条件についての発展的な議論や実践面での論考を収録した。いずれもフォーカシングやエンカウンター・グループも含む、パーソンセンタード・アプローチにおける第一人者に執筆いただいた。

　特別編では、海外のパーソンセンタード・アプローチ実践家や、他学派の先生方からそれぞれ一名ずつ"中核三条件"についてご寄稿いただくことができた。

　巻末に掲載されている監修者へのインタビューは、編者三名で行った当該分冊の監修者との質疑の記録である。紙面が許せば全内容を掲載したいところであるが、ここでは本シリーズの趣旨に則って、"中核三条件"に関わる部分の抜粋を掲載した。

　なお、パーソンセンタード・アプローチの実践面の広がりも考慮し、心理臨床も含む、教育や看護等の様々な領域で活躍されている方々からの"中核三条件"にまつわるコラムも収録した。

　巻末には、パーソンセンタード・アプローチに関わる基本文献リストとして機能させるべく、本シリーズで引用された文献を三分冊共通で掲載した。

　このシリーズがきっかけとなり、カウンセラーのみならず、教員・看護師・保育士など多くの対人援助職において、"中核三条件"が示している「どうあるか」という援助者のありようや、援助者-被援助者との関係性に光があたることを願う。

　最後に本書の企画段階から積極的にご賛同くださった創元社と、刊行に向けて、一貫して企画をまとめ、粘り強く作業を続けていただいた、編集部の津田敏之さん、宮﨑友見子さんに厚く御礼申しあげたい。お二人には、時に編集作業が停滞し、ハラハラさせたのではないかと推察するが、そんな時もしっかりと伴走していただけた。このような「編者センタード」編集者と出会えたことにこころから感謝したい。

目次

Introduction ·· i

基礎編

無条件の積極的関心とは ··· 4
坂中正義
U0

発展・実践編

無条件の積極的関心をほどよく経験するために ································· 22
佐々木正宏
U1

**中核三条件、とくに無条件の積極的関心が
体験される関係のあり方** ·· 31
池見　陽
U2

心理療法の神経科学と無条件の積極的関心 ································· 44
岡村達也
U3

現場での無条件の積極的関心（受容） ····························· 56
村山尚子
U4

グループアプローチにおける　二つの無条件の積極的関心 ········ 68
安部恒久
U5

特別編

海外からの寄稿

エンカウンター・グループに対する
パーソンセンタード・アプローチ ……………………………… 78
コリン・ラーゴ（坂中正義・中鉢路子監訳／中島　良訳）　　　U6

他学派からみた中核三条件

本質的なものは保持されねばならない ……………………… 100
松木邦裕　　　　　　　　　　　　　　　　　　　　　　　　U7

コラム

子どもたちから教えられたこと …………………………………… 43
大島利伸

緩和ケアの現場で"中核三条件"を体感して ………………… 67
都能美智代

職場での"中核三条件"の活かし方 ……………………………… 97
渡邊　忠

誰だ、この私は？ ……………………………………………………… 104
エイモン・オマホリー

聴いて学ぶ　中核三条件 …………………………………………… 107
実感にもとづいた人間の尊重
飯長喜一郎

文献 …………………………………………………………………………… 115
索引 …………………………………………………………………………… 128

ではどうしたら良いか？ …………………………………………… 135
　──あとがきにかえて

ロジャーズの中核三条件
〈受容：無条件の積極的関心〉

カウンセリングの本質を考える ②

基 礎 編

Unconditional Positive Regards

無条件の積極的関心とは

坂中正義

はじめに

　ここでは、ロジャーズの"中核三条件"のうち《無条件の積極的関心》〔以下、UPR〕を扱う。一般的には「受容」として有名である。
　UPRは、心理療法やカウンセリングにおいて共通基盤であると多くの人が考えているのではないだろうか。誤解・曲解も広く流布しているのではないかと思われる。例えば「まずは受容することでラポールをつけました」や「受容だけではだめだ」といったような、あたかも初期の簡単な技法のような捉え方などがその代表である。
　UPRは面接の全プロセスを通じて一貫して面接のベースを支える重要な態度であり、簡単どころか、きわめて難しいありようを援助者に突きつけてくる。まずは受容しておくことなどできようはずがなく、受容だけではだめだといえるほど容易なものでもない。
　いささか本論に入りかけているが、基礎編ではUPRの基本的概念を概観する。
　なお、翻訳の引用においてもUPRとして表記していることをあらかじめご了承いただきたい。

「無条件の積極的関心」とは

✙ 定義の概観

そもそもロジャーズ（Rogers, C.R.）はこの条件についてどのように定義しているのか？ 有名な〈必要十分条件〉論文であるRogers（1957）をみてみよう。《無条件の積極的関心》は第4条件として提示されている。「セラピストは、クライエントに対してUPRを体験していること」がそれである。

これについての解説を抜粋する。

> セラピストがクライエントの体験しているすべての側面を、そのクライエントの一部として暖かく受容していることを経験しているならば、彼はそれだけ、UPRを経験しているのである。……〔中略〕……それは、受容について何も条件がないことであり、"あなたがかくかくである場合にだけ、私はあなたが好きなのです"というような感情をもっていないということである。……〔中略〕……それは選択的な評価的態度——"あなたはこういう点では良いが、こういう点では悪い"というような——とは正反対のものである。それは、クライエントの"よい"、ポジティブな、成熟した、自信のある、社会的な感情の表現を受容するのとまったくおなじくらいに、彼の"悪い"、苦しい、恐怖の、防衛的な、異常な感情の表現を受容することであり、クライエントの一致しているやり方を受容するのと全く同じくらいに、彼の一致していないやり方をも受容することである。それは、クライエントに心を配ることであるが、所有的な、あるいはセラピスト自身の欲求を満足させるためだけの心配りではない。それはクライエントを分離した人間として心を配ることであり、彼に自分自身の感情をもち、自分自身の体験をもつように許すことである。……〔後略〕

基礎編

Rogers (1957) の「建設的人格変化のための〈必要十分条件〉」

(1) 二人の人が心理的な接触をもっていること。
(2) 第一の人（クライエントと呼ぶことにする）は、不一致の状態にあり、傷つきやすく、不安な状態にあること。
(3) 第二の人（セラピストと呼ぶことにする）は、その関係のなかで一致しており、統合していること。
(4) セラピストは、クライエントに対して無条件の積極的関心を体験していること。
(5) セラピストは、クライエントの内的照合枠に対する共感的理解を体験しており、この体験をクライエントに伝えようと努めていること。
(6) セラピストの体験している共感的理解と無条件の積極的関心が、最低限度クライエントに伝わっていること。

（坂中, 2014より）

　また注として「完全なUPRは理論的にしか存在し得ず、無条件性は程度の問題である」とも述べている。
　次に別の書籍の定義をみてみよう。『ロジャーズ辞典』(Tudor & Merry, 2002) から抜粋する。

　　ひとの体験の一つひとつの側面を一貫して受容すること。受容に条件がないこと、すなわち、「あなたの行動がある基準と合致するので、私はあなたを肯定的に感じる」という感覚がないことが不可欠である。……〔中略〕……ひとのいわゆる「肯定」「否定」両側面に対する受容の感覚であり、別個の個人としてのひとに対する非所有的気づかいとして表現される。……〔中略〕……ときに使われるほかの用語に、あたたかさ、尊重、賞賛すること、愛がある。UPRは共感や一致同様、単なるスキルないし治療者の技法レパートリーの一部ではない。それは、ひとの価値体系の一部であり、そのひとの統合された一面であり、中核条件を「満たす」ために一時的に採用できるような何かではない。……〔中略〕……UPRは、いかなる自分や自分の体験についてもそれをひととして判断される怖れなしに表現することができるよう治療者が提

示している質なのだ、とクライエントによって体験されることが理想である。……〔後略〕

Mearns & Thorne（1988）ではこのように定義している。

> UPRは、クライエントに対するパーソンセンタード・カウンセラーの基本的な態度につけられたラベルである。この態度を備えたカウンセラーは、クライエントの人間性に深く価値を置き、クライエントのいかなる特定の行動によってもその価値づけが偏ることはない。この態度は、カウンセラーのクライエントに対する一貫した受容とクライエントへの絶え間ない暖かさに表れる。

日本人によるものとして田畑（1988）を取り上げる。

> クライエントに対して温かい態度でもって臨むことができていること、……〔中略〕……ケアリングとか、思いやりをもっているとか、大切にしていることである。……〔中略〕……カウンセラーがクライエントを一個の人格をもち、かけがえのない人間として尊重でき、心の底から大切にし、思いやりをもって接していくことができているかどうかである。

　以上の定義をふまえるとUPRとは、「クライエントの体験しているあらゆる面を、カウンセラーの枠組みから否定、肯定せずに、なんの条件もなく、一貫してそのまま暖かく受けとめてゆく**態度**であり、クライエントをかけがえのない一人の個人としてありのままのその人を尊重し、心の底から大切にする**態度**であって、単なる**スキル**や**技法**ではない。ただし、完全なUPRは理論的にしか存在し得ないものであり、無条件性は程度の問題である」とまとめることができよう。
　よくある誤解に「何でも相手の言うとおりになること」があるが、存在を暖かく受けとめることと、言い分に同意、同調したりすることとは異な

る。

　支持、励ましなどとも異なる。相手のそのままを大切することは、相手のある部分（例えば、苦しみなど）をないものとして扱ったり、ある部分（例えば、喜びなど）を増幅することではない。どの部分も同じようにそのまま大切にする姿勢であり、クライエントを元気づけることとは異なる。

　また、問題行動を容認することでもない。UPR とは、問題行動を持っていようと持っていまいと、それによって肯定否定せずにそのまま暖かく受けとめていくという相手の存在を大切にする姿勢であって、行動を認める認めないとは次元が異なる。

　これらに関連して Tudor ら（2002）は「UPR と過度に友好的な態度や人当たりのよさとははっきり区別されなければならない」とし、それらの有害性として「治療者や自分自身に対する怒り、敵意、その他"否定的な"感情の表現を困難にする」「破壊的行動の黙認や現状維持の容認は、十分に機能する状態へ動かないことが支持されることとなり、治療の進展の妨げになる」ことを上げている。

　ところで、岡村（2010）は次のように述べている。

　　　大切なのは、相手を「受容する」とかなにかではなく、「ああ、このひとのことを受け入れられているな」「このひと、とっても大切だなあ」など、スッと感じられているか否か、そういう自分でいるか否か、ではないでしょうか。
　　　とすると……〔中略〕……クライエントさんを「受容する」、ではなく、カウンセラーが自分をどう変容させるかだ、ということになります。……〔中略〕……カウンセラーのありようについて、カウンセラーのなすべきこと、それが言われている、のではないでしょうか。

　これは、第 4 条件が「セラピストは、クライエントに対して UPR を持つこと」という目標として記述されているのではなく、「セラピストは、クライエントに対して UPR を体験していること」と状態像として記述されていることをさしている。「受容する」と「受容を体験できるような自

身のありようを模索する」は微妙な違いのようだが、前者は「する」「しない」の問題に終始しているのに対して、後者はカウンセラー側の課題としてこのことを引き受けているニュアンスがある。UPRとの向き合い方として示唆に富む視点である。

無条件の積極的関心の伝達

ところで、もう一度〈必要十分条件〉を眺めてみよう。UPRについて述べられている箇所がもう一つある。第6条件の「セラピストの体験している共感的理解とUPRが、最低限度クライエントに伝わっていること」である。Rogers（1957）から引用する。

> 最後にあげられた条件は、クライエントが最小限にでも、セラピストが自分に対して経験している受容と共感を知覚しているということである。これらの態度的な条件がある程度伝わっていなければ、クライエントに関する限りこれらの条件はその関係のなかに存在していないのであり、私たちの仮説によれば、セラピーの過程は始まっていないのである。
> 　態度というものは直接知覚することができないものだから、もっと正確な言い方をするならば、セラピストの行動や言葉が、クライエントによって、セラピストがある程度自分を受容し理解していることを意味するものとして知覚されている、ということである。

以上をふまえるとUPRとは、セラピストのありようとしてセラピスト自身が上述のような定義にある体験をしており、かつ、それが最低限クライエントに伝わっていることをセットで考える必要がある。

UPRは、理解したことを伝える共感的理解とは異なり、非言語的な側面や雰囲気などによって伝わる部分が大きいだろうが、共感的応答によってUPRが伝わることもある（クライエントの内面をその人が感じているがごとく理解し、そのことを相手に伝達することは、同時に「そのままのあなたを大切に感じています」

というUPRを伝えことにもなる)。さらにRogers (1957) では、いわゆる「感情の反射」が《共感的理解》の欠如を伝えることもあることや、「解釈」でもセラピストのUPRを伝えることもあり、各種の技法や技術は「条件を満たすチャンネル(ここでいえばUPRが伝わるか)」としてどのくらい役立つか、によってで考える必要があると述べている。先述のように、UPRは態度であって、技法や技術の次元とは異なる。技法や技術はUPRの伝達のチャンネルとなりうるか、個別の実践のなかで検討されなければならない。

これを踏まえれば、いわゆる「うなづき」や「感情の反射」「感情の明確化」＝UPRの伝達とは必ずしもいえず、それがUPRの伝達のチャンネルとなりうるか、その都度、吟味が必要であろう。その意味では助言や提案、行動の制限なども、伝達のチャンネルとなりうることもある。先にUPRとは似て非なるものとしてあげた、支持、励ましもUPRの伝達のチャンネルという吟味の上での技法としてはありうることとなる。

「無条件の積極的関心」の理論的展開

✣ Rogers (1957) 以前

UPRという用語が明確に記述されたのは前述のRogers (1957) であるが、この概念の萌芽はRogersの主要著作のもっとも初期に属するRogers (1939) の「問題児の治療」にすでにみられる。この書籍でRogersはセラピストの適性として「客観性」「個人の尊重」「自己理解」「心理学的知識」の四つを上げている。このうちの「客観性」は、その言葉から受ける印象とはやや異なり、「過度に陥らない共感能力、純粋に受容的で関心のある態度、道徳的判断を下すこともなく、動揺したり、恐れたりすることもない、深い理解」とされている。また、「個人の尊重」は、「子どもの本来の姿への心からの尊敬」とされている。これらの内実は《UPR》+《共感的理解》ともいえよう。

次にRogers (1942) の「カウンセリングと心理療法」である。この書籍は「非指示的療法」を明確に打ち出したものである。この書籍でUPRに関わるのは「心理療法関係の基本的特質」として上げられている「ラポールを

生みだし、それを次第に深い情緒的関係へと発展させていくような、カウンセラー側における暖かさと応答的態度」「感情の自由な表現を許容すること」「クライエントが自ら自己洞察を獲得するのに利用できるような場面構造を設定するには、心理療法面接の中に明確な行動の制限が設けられる」「あらゆる圧力や強制から自由であること」の四点であろう。一、二点目は特に解説は必要なかろう。三番目は面接場面の枠の話であり、一見、UPRと関係ないように思えるが、UPRを「無制限の迎合」とも取り違えられることも未だにないとはいえないので、制限を自覚しているという意味でもここには挙げた。四番目は「熟練したカウンセラーは、自分自身の願望とか、個人的な反応や先入観を心理療法場面で強制するようなことは避ける」とあり、「(クライエントは)あらゆる圧力や強制(特にカウンセラーのそれ)から自由であること」をさしている。

そしてRogers (1951)の「クライエント中心療法」である。おそらく彼の著作の中で最も有名なものであろう。それまでの非指示的技法から、それを支えているクライエント中心の態度へと力点がシフトしたものとして知られている。この書籍では"中核三条件"をそれとして提示はしていないが、「受容」という表現が至る所に出てくることから、UPRという態度の重要性が強く認識されているといえる。特にそれと関わる部分としては、「カウンセラーの哲学的オリエンテーション」として、個人の価値や意義に対する心からの尊敬をもっているか、クライエントの能力を信頼しているかといった記述が挙げられる。さらに「心理臨床家の役割についての理論」での次の記述は、UPRそのものといえる。

> クライエントは心の通じ合った温かい心理臨床家との関係が築かれると、どんな態度を表現してもほとんどクライエントが認知したとおりに、理解され受け入れられることに気づき、安心感を体験し始める。……〔中略〕……クライエントは、この安全な関係の中で、自分の行動のある様相に潜む敵対する意味や目的をはじめて認知することができるのである。……〔中略〕……心理臨床家は、クライエントが知っているとおりのクライエントの自己を認知し、それを受け入れる。心理

臨床家は、意識することを否認された矛盾した様相を認知し、それをまた、クライエントの一部として受け入れる。そして、双方とも同じ暖かさと尊重をもって受け入れられるのである。

✢ Rogers (1957) 以降

このような発展のプロセスをへて Rogers (1957) へと至ったのであるが、それ以降の UPR にはどのような展開があったのであろうか。

ウィスコンシン・プロジェクトでの統合失調症者への心理療法の経験から Rogers (1966) は次のようなことを述べている。

> 慢性の動機づけのない統合失調症者とのサイコセラピィにおけるわれわれの経験は、この条件の概念化を変更しなければならないかどうかという問題を提起している。きわめて暫定的に私はこういっておきたい。現段階においては、きわめて未成熟な、あるいはきわめて退行的な人との接触においては、無条件の積極的関心よりも条件つきの関心の方が、関係を始めるのに、したがってセラピィが軌道にのるために、より効果的なものであると思われる、と。ある未成熟な、あるいは退行的なクライエントにとっては、無条件の関心よりも条件つきの関心の方がより大きな受容を構成するものと知覚される、ということは明らかであると思われる。このようなわけで「あなたがこれこれのような行動をするときらいなんです。あなたがもっとおとならしい行動をとるときの方が好きなんです」という意味のことを述べるセラピストは、無条件の心配りをもつセラピストよりも「よりよい親」と知覚されるようである。このことは、社会・教育的地位の低い集団からの人についてとくにあてはまるように思われる。しかし、十分な成熟に到達するためには、やはりセラピストの無条件の積極的関心が最も効果のある要素であると、私はなお信じている。

この UPR 修正の示唆は〈必要十分条件〉の修正ともいうべき大きな変更であり、もし、その方向でその後も検討されたのであれば、以降の Rogers

の主要著作でこのことが言及されてしかるべきである。しかし、筆者の知る限り、そのような文献は見当たらなかった。また、以降のRogersの著作におけるUPRの記述に大きな変更は見られない。さらにRogers以外による主要関連文献も検討したが、Rogers（1966）の引用数は少なく[*1]、かつ当該箇所によってUPRが修正されたと結論づけた文献は、筆者が検索した限り見当たらなかった。よって、ここでは、このような記述があるものの、結局この概念を変更したとは考えがたく、UPRの概念は未だRogers（1957）にあるとみなしてよいであろう。

ところで、Baldwin（1987）にRogersの次のような発言が掲載されている。

> むかし、統合失調症の男性と、ウィスコンシンで、一、二年以上、面接していたことを思い出します。長い沈黙がたくさんありました。決定的な展開点は、その男性が、もういい、生き死になんかどうでもいい、脱院してやる、というときでした。私は言いました。「君は自分なんかどうなってもいい、と思ってる。だけど、私は、君がどうなってもいいなんて、思ってないんだ。君がどうなってもいいなんて、思えないんだ」。……〔中略〕……私は、それまでも、その男性の感情に応答し、受容はしてきたのです。が、そのことがその男性に本当に伝わったのは、私が、ひととしてその男性のそばに行き、自分の感情をその男性に向かって表現した、このときでした。
>
> このことに関心をもったのは、治療者の三つの基礎条件を、書き物の中で強調しすぎてきた、と思えるからです。ひょっとすると、それらの条件の辺縁にあるなにか、こそが、治療のもっとも重要な要素なのではないか——治療者の自己が、非常にくっきり目に見えるかたちで、今‐ここに‐存在すること、です。
>
> 〔岡村, 2010より〕

これはまさに、Rogers（1966）の具体的な事態を表しているとも考えられる。ここから読み取れるのはUPRの修正ではない。「ひととしてその男性のそばに行き、……〔中略〕……治療者の自己が、非常にくっきり目に見え

無条件の積極的関心とは

るかたちで、今−ここに−存在すること」の重要性である。Rogers（1966）の真意はここにあったのかもしれない。「今−ここに−存在すること」は、プレゼンスをさす。詳しくは佐治・岡村・保坂（2007）や岡村（2010）を参照されたい。

「無条件の積極的関心」の機能

　UPRはクライエントにどのように作用するのであろうか？　Rogers（1957）では「六つの条件が存在するときに建設的人格変化が起きる」と述べているだけで、UPRがクライエントにどのような影響を与えるかについては述べられていない。これについてはRogers（1959）が参考になる。

　このRogers（1959）は「クライエントセンタードの枠組みから発展したセラピー、パーソナリティ、人間関係の理論」と称した文献であるが、このなかの「B. セラピー過程」にそれがある。ここには12のセラピー過程に関わる記述があるが、中核三条件のなかでここに登場するのはUPRのみであるのが興味深い[*2]。

　「5. クライエントは、そのような不一致[*3]からくる驚異に気づいていく経験をするようになる。」の下位項目に「a. クライエントがこの脅威を経験できるのは、セラピストがいつも変わらずにUPRを示すことによってのみ可能となる。すなわち、セラピストが不一致に対しても一致に対するのと同じように、また不安に対しても不安のない状態に対するのと同じように接することによってのみ、このことが可能になる」とある。

　さらに「9. クライエントは、脅威を感ずることなしに、セラピストの示すUPRをますます経験するようになる」「10. クライエントは、ますます無条件の積極的な自己への関心を感じるようになる」とある。10についてはUPRではなく、「無条件の積極的な自己への関心」であることに注意されたい。「無条件の積極的な自己への関心」とは、自分が経験しているいかなる経験も取捨選択することなく（すなわち、無条件に）大切にすることさす。クライエントが自分自身に対してUPRを持つと言い換えてもいいかもしれない。

その結果、「11. クライエントはますます自分自身を評価の主体として経験できるようになる」「12. クライエントは、経験に対して、自分の価値の条件にもとづいて反応することが少なくなり、よりいっそう有機体的な価値づけの過程にもとづいて反応するようになる」と述べている。いくつか専門的な用語が出ているが、大胆に要約するとクライエントは「徐々に主体的になり」「体験を、よい－悪い、大事－大事でないといった枠組みから反応するのではなく、感じられる意味を大切にしながら反応するようになる」となろう。

すなわち、Rogersの考えたUPRの機能とは、クライエントが面接が進行するにつれ生じる、自己と向き合うプロセスに伴う不安や脅威を緩和し、安全感を保証することでクライエントが自身を振り返ることを促すこと、クライエント自身が自分自身に対してUPRを示すことができるようになること（自己受容的になるともいえよう）、それにより主体的になり、自分自身の感覚や体験を大切にするようになること、といえよう。

Rogersの上げた機能に加え、UPRは面接初期におけるカウンセリングという場への不安や戸惑いに対しても安全感を保証し、面接が導入・展開されやすくなるという機能もあろう。よって、クライエントによるUPRの知覚は面接のどの時点においてもその場の安全感に関わっていると考えられる。

他の中核条件との関係

ここまで、UPRについて述べてきたが、"中核三条件"間の関係はどのように考えたらよいだろうか。

佐治ら（2007）は先述のRogers（1966）について、「Rogersらがぶつかった統合失調症のクライエントとの直面という厳しい状況において、あらためて、純粋性とUPRとが時として相反する、すなわち、カウンセラーの中で厳しく対決する局面が意識されたのであろう。……〔中略〕……Rogersの発言も、こうした状況の中で純粋性の重要性が浮き彫りにされたという次元で捉えたい。そして、カウンセラーの三条件の中で純粋性が前提条件であ

り、最重要なものという位置づけがなされた、と考えられる」と述べている。この部分は、やはりUPRを修正したのではなく、"中核三条件"の実現に関わる困難さや厳しさを提示していること、そこと向き合うことがカウンセラーには要請されること、さらに純粋性が前提条件となっていることなどが提起されていると読み解いている。もちろん、ここでの優位性は「単に、どれがより優位な条件か、ということで片づく問題でない」(佐治ら2007) と、UPRと純粋性がぶつかったら純粋性が優先すればいいという単純な問題ではないと戒めている。

Merry (2004) は「六条件は一体となって機能する」という見出しで、「それぞれの条件の意味を理解するために、六条件、特に中核条件を分けてとらえるのはわかりやすいのですが、六条件は相互に関わりあっている凝集性のある全体やゲシュタルトとして注目すべきです」と述べている。確かに「深い共感的理解は、かなり不一致な状態にあったり積極的関心に欠けていたりするカウンセラーでは経験され得ない」(Merry, 2004) だろう。この視点でいえば、"中核三条件"は理論的には分解して述べられているが、実態は一つのまとまりである。それは「パーソンセンタードな態度」とでもいえよう。

筆者はUPRを大切にしている。しかしそれは他の条件にましてUPRが優先されるという意味ではなく、カウンセリングやエンカウンター・グループで相手と向き合う時に、この態度がクライエントやメンバーの安全感に関わっていると考える故、まず大切にしたいという意味である (坂中, 2002)。しかし、UPRを丁寧に見つめなおすと、そこには自ずと他の中核条件も立ち現れる。それはUPRからみた「パーソンセンタードな態度」ということであろう。他の中核条件についての解説は他の分冊に譲るとして、UPRを中心にすえて他の条件との関係を述べてみたい。

《共感的理解》は、理論的発展の初期にはセットで考えられていたくらいUPRと距離が近い概念である。相手の存在を大切に思い、相手のプロセスを信頼し、感じていることを取捨選択することなく関心を向けていくからこそ、相手が感じていることを相手が感じているがごとく理解するという動きにつながる。もし、条件つきの関心では、相手が感じているがごとく

の理解の道は閉ざされてしまう。また、伝達のところで述べたことを踏まえれば、UPRは非言語的側面からみた「パーソンセンタードな態度」で、《共感的理解》が言語的側面からみたそれと解釈することもできる。

《一致》はUPRの質に関わる。無条件のふり、関心を持っているふりではリアルでない。さらに、例えふりであっても、ふりが自覚されている場合と自覚されていない場合ではやはりセラピスト自身の今ここでの《一致》の度合いは違う。クライエントと相対しながらセラピスト自身が自分自身のありようにも目を向ける。クライエントに対してUPRを経験するような自分のありようを模索するには、自分自身へのまなざしは欠かせない。さらにこの自分自身へのまなざしは、クライエントへのそれと同様の質のものが求められよう。セラピストがセラピスト自身のプロセスを信頼し、感じていることを取捨選択することなく関心を向けていく(まさにセラピスト自身の無条件の積極的な自己への関心といえる)、セラピスト自身が感じていることを自身が感じているがごとく理解する。いわばセラピストが自分自身に対してUPRと《共感的理解》を体験することが《一致》ともいえよう。

非指示性と「無条件の積極的関心」

前述のようにRogers自身は、技法から態度へ力点をシフトしたが、Rogersといえば〈非指示〉というイメージもある。おそらく"中核三条件"においてUPRが〈非指示〉と概念的に混同されやすいと思われるので若干整理しておきたい。

〈非指示〉が語られる場合、「指示するかしないか」という技法、ないしセラピストの行動面が焦点づけられることが多いが、重要なのはその背後にある考え方である。Merry (1999) は、非指示性について「クライエントの主観的体験を共感的に理解しようとしてカウンセラーが維持する非権威主義的態度一般」とし、人の持つ実現傾向は建設的・創造的だが、予測不可能であるため、それがコントロールされたり方向づけられたりされないために非指示的であろうとすると述べている。またMerry (2004) では〈非指示〉性を「変化とは実現傾向によって自然に生じるプロセスであると考

える一般的な態度」であり、「単に無干渉的な態度や治療的プロセスを成り行き任せにするようなことを意味していません。むしろ、人間の心理的成長や発達に深く関わる複雑なプロセスに向かう原理と倫理上の立場」と述べている。この実現傾向への信頼や態度が〈非指示〉性の本質ではなかろうか。「指示するかしないか」という**技法**や**行動**としての概念ではなく、Merry (1999) のいうような非権威主義的**態度一般**なのである。

　また、Grant (1990) は、〈非指示〉性を「道具的」非指示と「原理的」非指示に区別し、前者を、クライエントにとって役に立つときに用いられる技法としての〈非指示〉、後者を、クライエントの自身の自己資源を尊重し、クライエントの個人的なプロセスを大事にするという根本原理としての〈非指示〉としている。世に流布している〈非指示〉は前者であり、パーソンセンタードで重視しているのは後者であろう。

　以上をふまえるとUPRとの関係は〈非指示〉を「道具的」非指示として考えれば、態度と技法で次元の異なるもの、「原理的」非指示として考えれば、両者はある意味同一のことをさしているといえる。Brodly (1999) は〈非指示〉を"中核三条件"の本質的意味の一部とみなし、「非指示という概念は、こうした治療態度の意味のなかにある」と述べている。

「無条件の積極的関心」についてのリサーチ

　UPRに関わるリサーチも多くなされてきた。有名な研究としてはRogers編 (1967) の「治療関係とそのインパクト」がある。これはウィスコンシン・プロジェクトと呼ばれており、統合失調症者へのクライエント中心療法の適用、および"中核三条件"や体験過程の大規模な実証研究として有名である。この際にTruaxによって作成された"中核三条件"に関わる評定スケールは、以降の研究にも用いられている。

　Norcross (2011) [*4] は、効果的な治療関係について検討するため、さまざまな治療関係に関わるリサーチのレビューをおこなった。もちろんそのなかに"中核三条件"も含まれている。その結果、明らかに効果のある変数として《共感的理解》が、おそらく効果のある変数としてUPRが、有望

だが更なる研究が必要な変数として《一致》が、あげられた。UPRに関して、注目すべきポイントを抜粋すると、この条件の測定には前述のTruax & Carkhuff (1967) やBarrett-Lennard (1986) の関係認知目録が多用されること、過去の代表的なレビューでは概ねUPRは治療結果に結びつくが、その大きさは条件によって異なること、1990年代以降の研究結果をレビューするとUPRと治療効果の関連は有意であるものと有意でないものが半々であるが、患者自身がUPRと治療効果を評定するときに有意に結びつくこと、UPRは長期にわたる治療関係を促進する可能性の示唆があげられている。このなかでの患者自身の評定によるUPRと治療効果が結びつくことは、前述のようなUPRとその伝達をセットで考える必要があることを示していよう。

　日本におけるリサーチは、代表的なものとして内田・村山・増井 (1978) があげられる。この内田ら (1978) で作成された尺度はBarrett-Lennard (1962) に基づいており、以降、鎌田 (1994) まで数度改訂が重ねられ、多くの研究に活用されている。ただし、内田ら (1978) はトライアルカウンセリングを活用して、五回の継続面接でデータを収集しているが、その他の研究は傾聴学習のロールプレイングなどの単発面接での検討にとどまっている。結果を概観すると、やはり、話し手ないし被援助者によって測定されたUPRが効果と結びつきやすいことがうかがえる。

　最近の研究としては、ベーシック・エンカウンター・グループ対象であるが坂中 (2011a, 2012) がある。"中核三条件"と成長の関係を検討し、UPRはグループ初期よりメンバーの成長を支える機能があることを示唆している。また、坂中 (2011b) では、坂中 (2011a) で作成した"中核三条件"測定スケールを個人療法などを含むより広範囲で使用できるよう修正したもの (PCA3) を作成している。

おわりに

　以上、UPRの基礎的な事項についてRogersの記述に立ち返り、概観してきた。筆者自身、本章の執筆にあたり、Rogersの主要文献を読み直した。

これらの書籍は折々に読み返しており、ある程度、内容を把握しているつもりであったが、まだまだ理解が不十分であり、如何に「分かったつもり」になっていたかを思い知らされた。Rogers の述べていることをまずはそのまま耳を傾けること、まさに UPR をもって望むことが大切であろう。読者の皆さんもこの書籍をきっかけに是非、Rogers の著作にあたっていただければと思う。

　なお、ここでは基礎的な内容に終始しているので、臨床実践のなかでの UPR や、UPR の理論的展開については応用・発展編を参照いただきたい。

　また、"中核三条件"の実態は「パーソンセンタードな態度」であり、その全貌を知るには《共感的理解》《一致》への理解が不可欠である。それらはそれぞれの分冊を参照されたい。

　関連文献は筆者が毎年発行している「日本におけるパーソンセンタード・アプローチに関する文献リスト」（最新版は坂中, 2015a）や坂中（2015b）等の展望論文を参照されたい。

＊1　佐治・岡村・保坂（2007）が数少ない文献の代表といえるが、やはり UPR の修正とは解釈していない。詳しくは後述する。
＊2　すなわち、UPR のみ、セラピー過程への具体的な影響が明示されているということである。
＊3　Rogers の人格理論でいうところの「経験」と「自己概念」の不一致のこと。table の第 2 条件も参照のこと。
＊4　2011 年に第 2 版が刊行された。

発展・実践編

Unconditional Positive Regards

無条件の積極的関心を
ほどよく経験するために

佐々木正宏

思いやるということ

《無条件の積極的関心》について、「思いやりをもってクライエントとかかわることである」とか、「クライエントを思いやり温かく受けいれることである」といった、あいまいでシンプルな説明がなされることが多い。

このような思いやりに基づく応答を、カウンセリングのロールプレイにおいてみることがしばしばある。

大学院生がほとんど初めて行ったロールプレイにおいて、クライエント役が、自分の人間関係について、「相手のためにしたことがうまくいかず、誤解を生んでしまった」という経緯を語った。これに対して、カウンセラー役は、『こういうことって気が滅入りますよね』と答えた。

『あなたは気が滅入ってしまったんですね』と言ったのであれば、クライエントの内面を理解したことを示す応答になる。『よかれと思ってしたことが裏目に出てしまって、気が滅入ってしまったんですね』という応答も、多少解釈が入っているがクライエントの内面を理解したことを示す応答といえる。

しかし、『こういうことって気が滅入りますよね』は、相手の気持ちを確

認しているのか自分の気持ちを述べているのか、がはっきりしない応答であり、また、自分が相手のすぐそばにいることを強調しようとしているように受け取れる。それは、相手の気持ちを理解したことを示す以上に、相手を受けいれていることを示そうとする応答、思いやりに基づく応答に見える。

　幼い頃から培ってきた相手を思いやる気持ちに基づく応答が、「ここでこそ支えてあげなければ」という場面において出てきてしまったと考えられる。

　次の応答は、先の応答以上に、「相手を受けいれているかどうか」にかかわるものであろう。
　クライエント役がそれまでの元気な様子から打って変わって、自分を否定し責めるような口調になり『わたしって、自分のことにばかり気持ちが向いてしまって、だめな性格だなって思います』と語った。これに対して、カウンセラー役は『いえ。そんなことないです』と応答した。
　これも、相手を受けいれようとする気持ちに基づく好意的な応答であるが、「自分のことを否定的に感じてはいけない」というカウンセラー役の側の価値判断を伝えていることになる。クライエント中心療法では、クライエントがそのなかで変化していくことができる「脅威のない場」ができなければならないのであり、そのような場を作るのがカウンセラーの無条件の積極的関心であるが、『いえ。そんなことないです』という応答は、「自分のことにばかり気持ちが向き、その自分についてだめな性格だ」と感じているその人の自己概念と矛盾しており、自己概念に脅威を与えることになる。もちろんロジャースは、このような応答を《無条件の積極的関心》を示すものと認めていない。
　ここではむしろ、クライエントの内面を理解していることを示す言葉、たとえば『自分にばっかり気持ちが向いちゃうのって、好きになれない。「そんな自分はダメだな」って思ってしまう……』といった言葉が出てきたら良かったのである。しかし、実際のロールプレイ場面では、クライエント役がとくに自分自身に対してネガティブな気持ちになったときに、カ

ウンセラー役が「この場面でこそ支えてあげなければ」という気持ちにさせられ、つい、日常の人間関係の場合と同様の「自然な相手を思いやる応答」が出てしまったのではないかと考えられる。

われわれは、他を大切にすること、思いやること、温かく受けいれることが大切であると幼い頃から教えられてきているし、それに疑問を抱くことはむつかしい。日常の人間関係において、置かれている状況が厳しくて「わたしはうまくやれないかもしれない」と思ってる友人に、『大丈夫だよ、頑張りなよ』と言って励ますという経験をわれわれは積み重ねてきており、それこそ思いやりを示していると考えている。

《無条件の積極的関心》の理解が、「思いやりをもってクライエントとかかわることである」といった説明に基づくあいまいでシンプルな理解にとどまるのであれば、われわれが日頃大切だと考えている素朴な思いやりとほとんど違いがないということになるだろう。このような理解では、《無条件の積極的関心》の重要な側面を見逃してしまうことになる。

一人の独立した人間として尊重すること

《無条件の積極的関心》について述べるときに、ロジャースは「クライエントを一人の独立した人間、一人の分離した人間として尊重するのだ」ということを強調している。

これとよく似た、一人の独立した人間として他者を尊重する発想や、相手が自分で自分を助けることの手助けをするという発想が、アメリカの人たちの文章完成検査への反応のなかに見られた。

文章完成検査の「よい母親は……」という質問項目に対して、アメリカの人たちの反応の中には、「子どもたちを愛しますが、独立していることへの自由を与えます……それがいつでも簡単だというのではありません」「子どもたちが、心と精神において成長するように助けますが、子どもたち自身の考えを発展させることを許し励ますのです」(Loevinger & Wessler, 1970)といった反応があった。

もう一つ、「人々が自分ではどうしようもないほど無力であるとき……」

という質問項目に対して、アメリカの人たちの反応のなかには「彼らの無力さや他の人たちに対する依存を長引かせるよりも、自分自身を助けるように手助けするのがベストである」「彼らがもっと自信をもって独立できるように私は彼らを助けたい」「彼らは自分自身を助けるためのやり方を見つけ出すように手助けされ励まされるべきです」(ibid.)といった反応があった。このような自助の考えは、日本の人たちの反応のなかには見いだせなかった。

　これらは、多様な反応があるなかで、一部の限られた人たちに見られた反応であるから、それらがアメリカの人々の心理を十分反映していると言うことはできないが、無条件の積極的関心に示される一人の独立した人間として尊重の姿勢と一貫している。他方で、他者を一人の独立した人間として尊重する発想は、日本においては、それを学習した結果自分の考えとする人がいたとしても、文化のなかにしっかりと根づいているとは考えにくい。

　無条件の積極的関心の、われわれにとっては受けいれやすい側面、すなわち「相手を思いやる」とか「温かく受けいれる」といった側面が何の抵抗もなく受けいれられ、「相手を一人の独立した人間として尊重する」ことについては見逃されがちなのではないだろうか。

依頼心を許容しないこと

　「無条件の積極的関心というのは、とても甘ったるいことを言っている気がする。相手を甘えさせて甘やかすだけであって、もしそうされたらあまりに気持ちが良くて、私たちはそこに安住したいと思うだろうが、変わることなんてできないのではないだろうか」という批判の言葉を聞いたことがある。このように無条件の積極的関心は、暖かくやさしいことばかりを強調しており、クライエントを甘えさせる姿勢であると見られることがある。

　しかし、一人の独立した人間としてクライエントを尊重するという姿勢は、責任をカウンセラーではなくクライエント自身が負うことを意味し、

クライエントの依存や甘えを満たすことを意味していない。

とくにロジャースは、依存的転移がどのようにして発展するかを論じるなかで、カウンセラーが評価的だったり解釈的だったりすると、クライエントが依存性を発展させるとし、「クライエントが評価され、しかもこの評価が、自分が自分自身について実施していたいかなる評価よりもより正確であるということを、自分自身の経験によって明瞭に実感するようになるとき、自信が崩壊し、そして依存的な関係が打ち建てられるのである」（ロジャース 1966）と述べている。カウンセラーが「こうあるのがよいだろう」といった評価を下すことによって、クライエントは、「自分が自分自身を知っている以上に、カウンセラーが自分のことを知っている」と考えるようになり、「自分で考えて決めていくよりも、もっとよく知っているカウンセラーに頼れば、解決できるのだ」と考えるようになり、そこに依存的な関係が発展していくだろうというのである。これに対して、評価を下さない姿勢である無条件の積極的関心は、依存的関係を発展させるものではないということができる。

甘え、依頼心についての研究者である土居（1961）は、クライエント中心療法をとりあげ解説するなかで、治療者の患者に対する許容に注目し、「治療者は患者に対して無条件の尊重の態度を持って臨み、患者のすべてを許容しなければならない。しかし、この許容が実は両刃の剣の働きをなす」と述べている。患者は、治療者が作りだす雰囲気のなかで自由に息をつくことができるのであるが、何を話すのかも、話したことにどのような意味を発見するのかも、また、どれだけ治療を重ねていくのかも、患者にまかされることから、患者の依頼心が抑制されるというのである。土居が強調する両刃の剣の片方は、クライエント中心療法がもつ依頼心を抑制するという特徴であり、土居（1961）は「ロージャズの療法は許容的であることがその特徴であるように普通いわれるが、しかし依頼心に関するかぎり許容的とはいえない」と述べている。三つの基本的姿勢のなかで、クライエント中心ということをもっとも明瞭にあらわしているのが《無条件の積極的関心》であるため、《無条件の積極的関心》が依存や甘えを許容しない姿勢であると言ってもかまわないであろう。《無条件の積極的関心》は、一種の

愛情ではあるが、少なくともクライエントの「依存欲求」や「一体化を求める願望」に応じてそれを満たすといった性質の愛情とは異なっている。

完全な無条件の積極的関心はないということ

《無条件の積極的関心》について、非常にまじめな学生から『私にはこれはできません。これがカウンセラーに必要なものというのなら、私はカウンセラーになれません』と言われたことがある。この学生は、相手に《無条件の積極的関心》を完全に示していくことは自分にはできないと感じたのであるが、これは正しいことである。どのようなカウンセラーも《無条件の積極的関心》の姿勢を完璧に保つことはできないだろう。また、自分は人が大好きで、どんな人にもいつも《無条件の積極的関心》を示すことができていると信じているカウンセラーがいたら、その振りをしているだけではないかと考えられる。

カウンセラーがクライエントに完全な《無条件の積極的関心》を経験し続けるということは現実にはあり得ないのであり、カウンセラーがクライエントに《無条件の積極的関心》を経験しているときもあるが、条件つきの積極的関心を経験していることもあるし、ときには否定的な関心を経験することもあるのである。「いつもクライエントに無条件の積極的関心を経験していなければならない」と完全主義的に考えるのでなく、「無条件の積極的関心を多く経験できているのであれば、その分望ましい」という程度に構えているのがよいであろう。

無条件の積極的関心を保つ条件としての制限

大学四年生の女子学生が、日本文学の卒業論文の執筆に取り組んでいた。毎日資料を読み、考察を加えるという作業を積み重ね、卒論執筆はたいへん順調であった。ところが、秋になって同じサークルの後輩がとても不安定な状態になってしまった。夜が更けるとその後輩から連絡があり、親との関係がうまくいっていないことや親に対する恨み辛みの話を延々聞

くことになった。

　彼女は、電話で後輩の話に応じたり、出かけていって会って励ましたりしていた。人に手をさしのべることを大切にしてきた彼女であったため、そうすることに何の疑問も抵抗もなかった。最初の一、二週間はまだ余裕があり、何とかしてあげたいという気持ちで一杯であった。しかし、その後いらいらや疲労感が高まっていった。後輩の要求にあわせて会ったり話したりすることがつらいと感じるようになり、さらには肝心の卒論が全く書き進められないという状態になっていった。

　日常の人間関係では、こういうことがときに起きる。このようなことが起きないようにすることがひとつの狙いとなって、カウンセリングには制限が設けられる。

　制限について、ロジャースは面白い発想をしている。カウンセラーは、彼自身の態度を保持することを可能にするような制限を設けるというのである。「もし私が、プレイセラピィにおいて、すべての家具を壊してしまう子どもを十分に受容できないと思うときには、家具をこわすことを、子どもの行動の上に設けたい制限と考えるのである。それによって子どもは、そのように規定された関係のなかでは、完全な受容を経験できるのである」(ロージャズ 1967)。これと同様に、カウンセリングの時間について、三時間ずっとクライエントに無条件の積極的関心の姿勢を示し続けることができない、自分の限度は一時間だろうとセラピストが考えて、カウンセリングの時間を一時間とするというように制限を設けるというのである。

　カウンセラー自身の態度には、《共感的理解》も含まれていることを忘れてはいけないだろうが、ロジャースが言っているのは、《無条件の積極的関心》の姿勢を保持することを可能にするような制限を設けるということであり、制限があるからこそ、《無条件の積極的関心》を保つことが可能になると考えられるのである。これに対して、制限があまりにも緩やかであったり、制限があったとしても、それが崩されてしまったようなカウンセリングでは、《無条件の積極的関心》の姿勢を保つのが相当むつかしくなることがあるだろう。

無条件の積極的関心と理解

　若い男性カウンセラーが、大学生のクライエントから、自分が頭がよいかどうか教えてほしいと言われた。突然のせっかちな要求の繰り返しに戸惑っていると、カウンセラーはプロなのだからわかるはずだと言われてしまった。カウンセラーとしては、揺さぶられ不安定にさせられたこともあってか、「人との関係でこんなに要求がましくしていたら、相手にしてもらえなくなるだろう」という気持ちが生じ、《無条件の積極的関心》を十分経験できなくなった。

　カウンセリングは何とか続き、クライエントは、自分が頭がよいかどうかが気になるようになった経緯を語ってくれた。大学のクラスでの人間関係がうまくいかず、勇気を出して入ってみたサークルでの人間関係もうまくいかなかった。このため「自分はだめな人間かもしれない」と感じていたときに、人から『おまえ頭悪いんじゃないの』と言われたというのである。また、彼は、自分自身について、一人っ子として育ったためか我慢が足りない人間であり、不安でたまらないという気持ちになると相手のことが考えられなくなってしまうとも語った。これらのことをカウンセラーが理解すると、クライエントを受けいれられないという気持ちはかなり解消されていった。

　このように、クライエントを理解することによって、それまで十分に『無条件の積極的関心』を向けることができないでいたクライエントに、その姿勢を多く示すことができるようになることがよくあるであろう。

無条件の積極的関心を経験できないことの利用

　《無条件の積極的関心》の姿勢を多く示せることは、確かに望ましいことであり、制限を設けそれを守ることがこれを容易にするし、クライエントを理解することによって、これをより多く経験できるようになることがある。しかし、この姿勢をとることを何よりも大切だと考え、その実現に向けて努力することは、どうしても必要なことというわけではないと考えら

れる。

　むしろ、「クライエントを受けいれている振りをする」といったごまかしをせずに、《一致》の姿勢を保ち、クライエントに《無条件の積極的関心》を十分経験できていないことを、心のなかで起きている他のいろいろな経験とともに意識している、ということが必要であろう。

　先の若い男性カウンセラーは、《無条件の積極的関心》を十分経験できないとも感じていたが、他方で、とても大学生とは思えない幼さや必死さから、クライエントを不器用だけれども頑張ってきている人だと感じていたし、この人の言うことには嘘がないとも感じていた。

　カウンセラーは、クライエントを単に受けいれられないと感じているだけでなく、どのように受けいれられないのか、何が受けいれられないのか、それと矛盾するような別の気持ちが生じていないかなど、自分が経験していることに敏感でいることに意味があるのである。

　このことによって、たとえば「クライエントを十分受けいれられない」という気持ちの焦点が、クライエントのあるしぐさにあると感じるようになり、そのしぐさをするクライエントが何か無理をしているために苦しそうなのだと感じていく場合のように、こちらの気持ちが少しずつ明確になっていき、それがクライエントについて気づいていなかったことを教えてくれる場合もある。

　《無条件の積極的関心》を十分経験できないことも、クライエントとの関係のなかで起きていることであり、カウンセラーがその気持ちを含む自分が経験していることに敏感でいることによって、クライエントについて、あるいはクライエントとの関係について、それまで気づかないでいたことに気づいていけることも多いと考えられる。

中核三条件、とくに無条件の積極的関心が
体験される関係のあり方

池見　陽

"中核三条件"は関係のあり方を示している

> I smile as I think of the various labels I have given to this theme during the course of my career --- nondirective counseling, client-centered therapy, student-centered teaching, group-centered leadership … the label "person-centered approach" seems the most descriptive.
> (私のキャリアの中で、このテーマに与えてきた多様な呼び方のことを思うと苦笑する――非指示的カウンセリング、クライエント中心療法、学生中心教育、グループ中心リーダーシップ――もっとも適切な呼び方は「パースンセンタード・アプローチ」だろう。)
>
> Rogers 1980, pp.114-115（筆者の訳）

　カール（ロジャーズ）がノン・ディレクティブ・リフレクションで苦労し、その接触の現実を再建しようとして *to re-establish the reality of the contact* 書いては捨て、書いては捨てしていたことを振り返ると、私は彼の足跡を追っていると感じます。彼はノン・ディレクティブを捨て、それをクライエント・センタードにしました。彼はクライエントセンタードを捨て、それをパー

スンセンタードにしました。最初は、彼はリフレクションの方法を作りました。すると、彼は言いました。「ちがう、それはそうじゃない、それは態度だ…」そして、私たちは彼の三つの態度を取り上げ、それらをたいへんテクニカルにすることができました。すると、彼はこう言いました。「ちがう、ちがう、それはパースンセンタードだ」と。

E. ジェンドリン 1999, p.30-31

　カール・ロジャーズと彼の共同研究者だったユージン・ジェンドリン *Eugene Gendlin* は、それぞれの回想のなかで、多少のニュアンスの違いはあるものの、カール・ロジャーズが生涯のなかで何度も表現を変えてきたことを取りあげている。ジェンドリンの回想では、それは、なんとかしてクライエントとセラピスト、あるいは人と人 person to person の出会い encounter のインパクトを表現しようとロジャーズが苦労していたことが示されている。ジェンドリンの回想にある"contact"（接触）とは、言うまでもなく、Rogers (1957) の第一条件として提示されている、「二人の人間の心理的接触」のことであることは明らかであろう。つまり、クライエントとセラピスト、あるいは二人の人間のあいだで生起する人間関係をどう表現したものか、とロジャーズ、そしてその「足跡を追う」ジェンドリンも、熟慮していたことであろう。

　ロジャーズが執筆した数々の論文を思い返すと、"中核三条件"に特徴づけられる人間関係がもたらす変容への驚異とその変容過程への関心が記されているように思える。カール・ロジャーズは治療の場での人間関係のあり方を特徴づけようとしたうえで、そのような関係のなかで起こる変容の過程の特徴を克明に、ときには面接記録などを用いて示し続けてきた。

　カール・ロジャーズが最初に"中核三条件"を提示した著明な論文 (Rogers 1957) に遡ると、彼はまず、人は人間関係のなかで成長し変容すると前提した。これに従って、治療的な人格変化も、ある特殊な人間関係のなかで起こると論じていた。その特殊な人間関係を言い表すのに用いられたのが"中核三条件"である。さらに、"中核三条件"の特徴を備えた人間関係であれば、それが心理療法でなくとも、心理療法と同様に人格変化を

引き起こす作用があり、親子関係であっても、友人関係であっても、そのような人格変容を促すことが論じられた。このような変化の過程に関する考察はクライエント中心療法の理論ではなく、広く人格変化の特徴であるとしていた。

　筆者はここでいくかの点に注目してみたい。まず、筆者は"中核三条件"はクライエントとセラピストの関係のあり方を言い表そうとしたものであると考える。しかし、"中核三条件"は「態度」であるとか、人間関係の「要素」である、というように論じられることも多い。"中核三条件"についてのRogers（1980）自身の記述を参照してみよう。

> The first element could be called genuineness, realness or congruence.
> 第一の元素は純粋さ、リアルであること、又は一致と呼ばれよう。
> (p.115／筆者訳)

> The second attitude of importance in creating a climate for change is acceptance, or caring, or prizing --- what I have called "unconditional positive regard."
> 変容をもたらす環境として二番目に重要な態度は認めること、いたわること、大切にすること—私が「無条件の積極的関心」と呼んだものである。
> (p.116／筆者訳)

> The third facilitative aspect of the relationship is empathic understanding.
> 第三の関係の促進的側面は共感的理解である。
> (p.116／筆者訳)

　"中核三条件"をめぐる異なった見解は、実はロジャーズ自身による曖昧な記述に遡ることができよう。上記では一つ目をelements（元素あるいは要素）としている。次に、二つ目については「二番目に重要な態度 attitude」としている。これが「二番目」である、とするならば、「元素」であったはずの一番目は「態度」であったことになる。さらに、三つ目については「関係の側面 aspect of the relationship」となっており、それは「第三の……関係の側

面」であるから、第一も、第二も「要素」や「態度」ではなく「関係の側面」であったことになってしまう。

　筆者は、この三つの表現のなかでは、最後の「関係の側面」がもっとも正確な表現であると理解している。
　その理由は、人間関係は元素あるいは要素 elements によって成り立っていないからである。1950年代当時は自然科学的な発想様式が思考に潜入しやすい学術環境があったのだろう。おそらく elements（元素）という記述は、その時代に影響を受けた表現であろう。しかし、たとえば、NaOH という物質はNa: ナトリウム、O: 酸素、H: 水素という三つの元素elementsからなるが、人間関係はこのような元素あるいは要素から成り立っているわけではない。
　次に、「態度」は関係のあり方と独立して存在するとは考えにくい。関係の一方が示す態度は必ず相手に作用するのである。また反対に、相手の態度はこちらのあり方や状況に影響するし、またすでに影響しあっている。このように考えると、"中核三条件"は人間関係のあり方を示したものにほかならないと筆者は考えている。
　また、筆者が注目している次の点は、ロジャーズは"中核三条件"がクライエントによって知覚されていなければならないとした点である（Rogers 1957）。この点についてジェンドリン（1999）は次のように述べている。

　　　私がカール・ロジャーズとともに仕事をしていたとき、彼は私の理論的なものを取り入れ、私は彼のそれを取り入れました。もちろん私が取り入れた方が多いのですが。しかし、彼に売り込もうとしてうまくいった覚えがないある考え方の一端は、すなわち三条件はクライエントがそれらを知覚しなければならないという条件なしでも十分なのだということです。〔中略〕なぜなら多くのクライエントは一年も二年ものあいだ、確信しているからです、彼らを好きになったり、理解してくれる人はいるわけがないと。そして、それにもかかわらずそのプロセスははたらき結果的に彼らの知覚を変えるのです。〔中略〕私に

はわかります。自分がそんなクライエントだったから。私はいつも知っていました。このやさしいおじさんは絶対に私のことは理解できないと。ずいぶん長くかかってから、部屋に入ったときに私はすでに違っているということに気がつきました。それについて考えるずっと以前から、相互作用は影響を及ぼすのです。

E. ジェンドリン 1999, p.46-47

　ジェンドリン自身の体験に基づくこの指摘は重要なものである。すなわち、人は他者が私に共感や無条件の積極的関心を向けている、というふうには関係を知覚しないのである。「この人といるとなんとなく落ち着く」とか、「この人は話がわかる人だ」といったように感じていて、そこに"中核三条件"の知覚は必要がないのである。また、ジェンドリンの引用にあるように、「俺のことなんて、誰もわかりっこないんだ」と思っていても、セラピストの部屋に入るだけで、なんとなく楽であったりする。関係は、それが知覚されたり認知されたりする以前に、すでに作用していて両者を変えているのである。関係のあり方が三条件の知覚に先立って作用しているあり方を、ジェンドリンはinteraction first（相互作用が先立つ）としている（ジェンドリン1999, p.47）。

　さらにもう一点、注目しておきたいことは、Rogersは1957年の論文などで、"The therapist experiences unconditional positive regard for the client"などのように、「セラピストがクライエントに対して無条件の積極的関心を体験している（感じている）」と表現していた。つまり、"中核三条件"は体験されるもの、感じられるものであり、それらは感じられた関係のあり方を示したものなのである。それらは目指すべき理想的な態度などではなく、いつもではないにしろ、治療の場で感じられる、すなわち体験される、関係のあり方なのである。関係がこのように感じられているときに、人格変化は生起するだろう、というのがロジャーズの仮説であると筆者は理解している。

　上記を総合すると、筆者はクライエントに変容をもたらすなんらかの人

間関係のあり方が存在し、"中核三条件"はそのあり方を概念化するために表された有用な記述であると考える。

つまり、筆者の見解では、"中核三条件"は要素でも態度でもなく、関係のあり方を表現する記述的用語なのである。それらは記述的な用語であるため、治療的な関係のあり方を言い表す別の表現が見いだされても、あるいは"中核三条件"そのものが修正されても、何の不思議もない。むしろ、それらが原理的なもののように描かれ、未来永劫、変化することがない真実であると考えると、ずいぶん堅苦しいではないか。カール・ロジャーズが自分の仕事の呼び方を変えてきたように、関係のあり方を浮き彫りにする新たな概念化は歓迎されるべきであろう。

ロジャーズが発想していた1950年代では、人や事物は個として存在していると思われていた。故に、ロジャーズの1957年の仮説の一番目が「二人の人間に心理的接触」があること、となっていた。これは独立した別個の二人が接触する、という考え方である。「一方が《一致》しており、他方に対して《無条件の積極的関心》や《共感的理解》をもつ」といった発想の原点には、別個に独立して存在する二人が描かれている。しかし、人は必ず関係を生きているという視点に立つと、人は独立した存在ではなく、「もともと縺れ合った *originally entangled*」（Cooper & Ikemi 2012）相互作用であると考えることができよう。関係、あるいは相互作用 *interaction* という視点を中心に据えて、ロジャーズの1957年の仮説を再考していく大きな理論的な整理が必要な時期にきているのかもしれない（Cooper & Ikemi 2012）。

無条件の積極的関心はどのように体験される関係のあり方なのか

《無条件の積極的関心》とはどのように体験される関係のあり方なのだろうか。

上記のRogers（1980）の引用を見ても、クライエントとセラピストの関係のあり方を表現する複数の記述用語がみられる。…acceptance, or caring, or prizing --- what I have called "unconditional positive regard"（p.116）と

いう文には四つの用語がある。これらの用語は1957年論文にも登場する用語である。それらは、acceptance, caring, prizing, unconditional positive regardで、最初の三つはorで接続されている。"Or"は「又は」と訳すのが一般的であるが、英語のニュアンスをそのまま意訳すると、「～と言ってもいいし」となるだろう。そこで、最初の三つは、「認めると言ってもいいし、いたわりと言ってもいいし、大切にすると言ってもいい」と読んでみたい。これらのうち、筆者は最初の三つは関係の体験的な(感じられた)記述、四つ目はもう少し理論的な検討が加えられた用語であると理解している。以下でそれらを一つずつ検討してみよう。

中核三条件、とくに無条件の積極的関心が体験される関係のあり方

　Acceptanceは日本語では「受容」と訳されてきた。しかし、筆者にはこの訳語は多くの問題点を生み出してきたように思える。英語のacceptを日本語に訳すときには、その訳がもたらすニュアンスに注意する必要があるだろう。たとえば、"accept an invitation"や"accept his resignation"などの場合は、「招待を受け入れる」「彼の辞意を受け入れる」といったように、漢字の「受」のニュアンスとよく合っている。しかし、ロジャーズが頻繁に用いた表現"accept another person as he is"では、「受」のニュアンスは薄く、「他者のありのままを認める」と訳す方が原文に忠実であろう。
　「受け入れる」のか、「認める」のか、このニュアンスの違いが日本のカウンセリング実践家のあいだに大きな難問となっているように思われることがある。たとえば、攻撃性の高いクライエントに対して、「この人は自分では抑えきれない攻撃性に困る人なのだ」と認めることはできたとしても、そんなに攻撃性の強い人を「受容する」となると、それはなかなか難しいことになる。セラピストはクライエントの攻撃性に怯えていたり、その怯えへの反応としてセラピスト自身も攻撃的になりかねない気分でいるのに、「受容しなければならない」という義務感が生じてしまい、その義務感が第一条件の「純粋さ」と矛盾してしまうのである。この例にあるニュアンスの違いに注目してみたい。クライエントのありのままを「認める」のならば、クライエントを変えようとするのではなく、彼の現状はこの通りであると「認める」ことができる。しかし、この攻撃性の強いクライエ

ントをありのまま「受容する」となると、彼の攻撃性をすべて受け止め、それらを引き受けなければならないような義務感が生じてしまう。

筆者はここで「受け止め」「引き受け」などといった表現を用いたが、どちらの表現にも漢字の「受」が含まれる。訳語に用いられてきた、この「受」という漢字がacceptanceを必要以上に重たいものにしているように思えてならない。ロジャーズはときどき "fully received" など、"receive" という語を用いていたが、「受容」はこちらの訳語で利用する方がよいのではないだろうか。

筆者はacceptanceは「認める」と訳すことを提唱している（池見, 2010）。つまり、acceptanceが体験されている関係とは、クライエントをありのまま認める関係であり、クライエントの側からみると、それは自分をありのまま認めてもらえる関係――自分の状態を変えようとせず、または「それは非論理的である、未熟である、馬鹿げている」といった指摘や「それは治すべき病状である」といった治療的意図がなく、自分がそのまま認められる関係のように体験されるであろう[*1]。

次にロジャーズが用いたcaringという英語も、なかなか日本語にならない表現である。辞書によると「世話をする、看護する、保護する」などの訳がある。「心づかい」といった訳もあるが、筆者の体験のなかでは、日本語としてもっとも近いものは「いたわり」ではないだろうか。ここで表現されていることは、「いたわりがある関係」と言えるだろう。少なくともセラピストはクライエントに対して、いたわりを体験しているのである。たとえ攻撃性が強いクライエントであっても、彼をいたわることができる関係を表現している。上記で論じたように、たとえクライエントがセラピストのいたわりに明在的 *explicitly* に気づいていなかったとしても、暗在的 *implicitly* には、セラピストのいたわりはなんらかの作用をしているのである。

その次に表現されているのは、動詞としてのprizingである。これも訳者泣かせの英語である。賞（名詞: prize）などをもらって、それを誇りに思い、大切にしているありさまを言う動詞である。そこで、これは「大切にする」と訳してみてはどうだろうか。セラピストはクライエントを大切にしてい

ると体験している（感じている）関係が表現されている。上記と同様に、このことはクライエントの側にも何らかの作用をしているのである。

　この他に、Rogers（1957）では"warm"という表現を二度にわたって用いている。その一つは"warm acceptance"（「温かく認める」）であり、もう一つはセラピストの発言の例として"I feel warmly towards the client"（「クライエントに対して温かく感じる」）である。前者はacceptance（認める）のあり方を表現しているが、後者はacceptanceとは独立した表現として用いられている。もちろん、warmthは後に、"non-possessive warmth"（「相手を支配しようとしない温かさ」：筆者訳）として研究されていくことになる。これらを考慮すると、warmthつまり「温かさが感じられる関係」も《無条件の積極的関心》の一つの記述的用語と考えてもいいだろう。

　さて、《無条件の積極的関心》にはもう少し抽象的な響きがある。ここに「無条件の」という表現が使われているのは、ロジャーズ自身の人格理論との整合性を持たせるためであると筆者は見ている（Ikemi 2005）。この見解はとくに珍しいものではなく、広く知られていることかもしれない。つまり、ロジャーズの人格理論（Rogers 1951）では、ある人の成長過程において、その人にとって意味のある他者 significant others から価値の条件 conditions of worth が示される。単純な例をあげてみよう。「男の子は強くあれねばならない（そうでなければ価値がないという意味）」といった価値条件を体験して育った男の子は自分の「強くない部分」を認めることができない。ロジャーズの人格理論では、さまざまな「条件」が人の人格を狭めていると捉えられている。これに対して、治療理論では「無条件」であるセラピストとの関係によって、本人が認められない否認されている部分が人格に統合されていくと考えられたのである。すなわち、「条件つき」の人格形成論は「無条件」の人格変化理論と対になっているのである。

　《無条件の積極的関心》は体験的に理解しにくいという声を聞く。説明概念としては使い易い概念であり、しかも人格形成論と整合性があるために、この用語が用いられたのではないかと筆者は見ている。しかし、論理的な考察が加わった分、体験的にはわかりにくいものなのかもしれない。

中核三条件、とくに無条件の積極的関心が体験される関係のあり方

さらに、上記の Rogers (1980) の記述をもう一度、確認してみよう
The second attitude of importance in creating a climate for change is acceptance, or caring, or prizing --- what I have called "unconditional positive regard." (p.116)

　上記で示したように、この文には四つの記述的な用語があるが、最初の三つは"or"でつながっており、並列に置かれているが、四つめの"unconditional positive regard"（無条件の積極的関心）は他の三つと並列ではないことがわかる。四つめは、他の三つを総称するような用語で、他の三つは《無条件の積極的関心》に「含まれている」ことが暗に示されている。したがって"unconditional positive regard"（無条件の積極的関心）は直接体験されるものではなく、概念的に説明するための用語と理解することができるだろう。

　これまでの論説を総合すると、《無条件の積極的関心》とは次のように表現してもよいだろう。それは「相手を認める関係、と言ってもいいし、相手をいたわる関係、と言ってもいいし、相手を大切にする関係、と言ってもいいし、温かさが感じられる関係と言ってもいい」。要するに、《無条件の積極的関心》の体験にはかなり幅がある。セラピストは「無条件の積極的関心を体験しよう、体験しなければならない」あるいは「受容しなければいけない」と思う必要はないのである。セラピストが関係のなかで相手を認め、いたわりや温かさを感じ、相手を大切にしているように感じたとき、それは《無条件の積極的関心》と理論的に説明されるのである。

To the extent that the therapist finds himself experiencing a warm acceptance of each aspect of the client's experience as being a part of that client, he is experiencing unconditional positive regard. (Rogers, 1957)

（セラピストがクライエントの体験のそれぞれの側面を、そのクライエントの一部分として温かく認める限りにおいて、彼は無条件の積極的関心を体験しているのである。）筆者訳

　上記の引用でわかるように、《無条件の積極的関心》は直接体験されていないのである。この文では、実際に体験され、感じられているのは「温

かく認める」という関係である。その体験はロジャーズの概念的述語では《無条件の積極的関心》となるのである。

> **まとめ**
> ――幅のある体験としての無条件の積極的関心や中核三条件を推進するには――

本稿は、《無条件の積極的関心》は絶対的なもの、固定的なものではなく、関係のあり方を記述する用語であることを示してきた。クライエント中心療法の研究においては、"中核三条件"はセラピストの態度であるといった考え方が一般的だが、ロジャーズは関係のあり方をとくに重要視していたことを考慮すると、"中核三条件"に対する関係的な記述も必要になってくるであろう。

また本稿では《無条件の積極的関心》を取りあげ、ロジャーズの原文の表現を細かく読むことによって、それはある程度、幅のある関係のあり方に関する体験の記述で、複数の言葉で言い表されるようなものであることを示してきた。人の体験や感じ方は機械の部品のように細分化されていない。その意味でも、ある程度の幅があることは人の体験の仕方に忠実であると思われる。

この幅の範囲内で、セラピストやクライエントの実際の体験をもとに、《無条件の積極的関心》および"中核三条件"の記述は常に更新され、追加されていくことが望まれよう。人が概念に体験を合わせるのではなく、体験から概念を導くためには、治療関係で感じられる暗在が言い表され、明在化されていくことが必要であり、それによって概念もより精密化され、より豊かになるのではないだろうか。たとえば、一致することを「フォーカシング」と表現してみることや、共感および無条件の積極的関心と哲学者ディルタイ (*Wilhelm Dilthey*) の「追体験 *nacherleben*」を検討してみるなど、さまざまな新しい試みが可能であろう。そのような試みによって、ロジャーズの半世紀前の記述は常に生き続け、推進され続けるものとなるだろう。

*1 本章を脱稿したあと中田（2013）はunconditional positive regardのregardを「眼差し」とする訳、つまり《無条件の肯定的な眼差し》を提出した。実はこの訳語は、筆者との会話のなかでregardがフランス語では「見る」という意味であることや、英語でも「眼差しをおくる」といった意味で使われることに、基づいたものである。ここで論じられているように、攻撃性が強いクライエントを《受容》するのは困難なことだが、そのクライエントに《無条件の肯定的な眼差し》をおくることは可能であり、この用語が本来指し示していた体験のあり方であるようにも思える。

Column

子ども達から教えられたこと

大島利伸

　私は、小学校の教員になって二十三年目になる。今まで、「先生らしくなってきた」という言葉に大きな抵抗感をもってきた。それは、子ども達と向き合う時に、自らの心を使わずに、先生としての役割でかかわるようになってしまったのではないかとの危惧をもっていたからである。

　先生という役割は、知らず知らずに自分と重なり、先生としての振る舞いが、あたかも自分であるかのような錯覚を起こしやすい。それはなぜだろうか。私は先生として子どもの前に立つと、自分自身をかけなくても正しいことを言うことで自らが守られるような関係性ができてしまうからではないかと考えている。しかし、そのことは、心で感じたものを大切にしながら子どもと向き合う可能性が出現しなくなってしまうことを意味する。

　ある児童が、授業の中で、けんかに対する先生達の振る舞い方について、けんかの当事者の話を聞いたとしても、最後に先生の考えを押し付けて話を終わらせるという内容のことを主張した。この発言には、他の児童も大いに納得していた。これが、先生としての役割でかかわる象徴的なことであると感じた。それに対して、他の児童が、「この前の先生は違った。」と主張してくれた。それは、クラス内でのけんかにおいて、（本人達の希望で）私と共にお互いの思いを二時間ほどかけて聴き合い、お互い心が通じたことを実感した児童からの発言であった。

　この時、私は、先生として説得は全く行わなかった。ただ、一人の人として、その場に同席し、お互いの心を聴こうと努力し、お互いの思いをつないだだけである。

　その場の私に必要であったことは、先生らしい正しい説得ではなく、その場にいて裏表のない純粋な心で感じようとする心と、児童が本当に感じている思いを徹底的に聴こうとする態度と、児童の気持ちを理解しようとする努力であった。そのような在り方こそが、子どもが先生に求めていることであると改めて教えられたように感じた。

心理療法の神経科学と
無条件の積極的関心

岡村達也

はじめに

　LeDoux（2002）は言う。心理療法は学習過程である。脳を書き直す一つの方法である。心理療法は生物学的メカニズムを用いて精神疾患を治療している。自己をつくるシナプス*synapse*に対して、薬はボトムアップ、心理療法家はトップダウン（pp.299-300）。

　心的過程のもとに神経過程があるとするなら、心的過程が変化するということは神経過程が変化するということだ。ところで、心理療法は心的過程を変える。ならば、心理療法は神経過程を変えている（Grawe 2007, p.3）。これが心理療法の神経科学の基礎である。

　神経科学と心理療法とを結びつけたのは、環境への反応による脳の可塑性（神経可塑性*neuroplasticity*）[*1]の発見だった。心理療法のターゲットを神経構造・神経過程とする構想が生まれた（p.8）。

　Andreasen（2001）は言った。心は変えられる。治療戦略の基礎を脳の可塑性に置くべし。心理療法は、それと気づかず、脳の可塑性の原理に依拠してきた。精神障害は、苦痛な環境、有害な環境がもたらす傷害の蓄積に対する、可塑的な脳の反応だ。脳システムとそれがどのように変容しうるかに関する知を総合し、認知に介入すべし（pp.331-332）。

Cozolino（2010）の心理療法の神経科学モデルをもとに、《無条件の積極的関心》unconditional positive regard; UPRについて考える[*2]。

心理療法と神経ネットワークの統合

承前、心的過程のもとに神経過程があるなら、心理的に健康であるとは、神経ネットワークの成長や統合が至適であるということになる（p.31）。別言すれば、主訴や症状のもとには神経ネットワークの未発達・未制御・未統合があることになり、主訴や症状が消退するとは、脳になんらかの変化が生じるということになる（p.13）。心理療法は、ニューロンneuronの成長や神経ネットワークの統合を強化する、ある種、ゆたかな環境enriched environmentということになる（p.25）。

では、心理療法による神経可塑性、ニューロンの成長、神経統合はどのようにして強化されるのか。以下の四項目が挙げられる〔以下、第1項、第2項……といった形で指示する〕。

1. 安全で信頼できる関係の確立 The establishment of a safe and trusting relationship
2. 弱から中程度のストレス Mild to moderate levels of stress
3. 情動・認知両者の活性化 Activating both emotion and cognition
4. 自分の新しいナラティヴの共同構成 The co-construction of new personal narratives

心理療法は、以上のようにして神経可塑性や神経統合を刺激する／している。すなわち、クライエントは、あたたかく支持的で親身なゆるぎない関係のなかで〔第1項〕、行動、感情表現、意識化を励まされ〔第2項〕、思考と感情とを照合しながら両者に新たな結びつきを見出し〔第3項〕、新たな気づきを組み込み、よりよい意志決定を励まされながら、自分や世界についてのこれまでの記述を変え〔第4項〕、この方法を内在化し、独立する（p.26）。

Arden & Linford（2009）によれば、心理療法の目標の一つは情動経験のマネジメントである。肯定的であれ否定的であれ、強度の感情を認知し、これに耐えうること、また、それを下方制御し、かつ、ナラティヴを活用してそれをフレームする前頭前皮質prefrontal cortexのリソースを促進するこ

と、である (p.117)。

　この点からすると、心理療法は、感情制御 *affect regulation* の増大、統合的なナラティヴの展開が生起するゆたかな環境だと言っていい。安全で構造化された環境下での共感的調律 *empathic attunement* により [第1項]、恐れていた経験・記憶・思考の不安に耐えることを励まされ [第2項] *³、制止されていた神経ネットワークが活性化され、意識化されるようになり、解離していた機能が統合され [第3項]、皮質の実行機能 *executive function* のコントロール下に入る。共同構成されたナラティヴが思考・行動・統合の新しいテンプレートになる [第4項] (Cozolino 2010, p.26)。

　感情制御を共通項とすれば、UPRは、脳の初期の成長ならびにその後の発達における対人環境を具現化したものであり (p.30)、Rogersは、発達期における脳の成長ならびに心理療法における神経可塑性にとってベストの対人環境を記述したことになる (p.37)。

クライエント中心療法 *client-centered therapy; CCT* における「治療者の役割に関する一理論」

にわかに次の一節が思い出される。

> 治療者との関係の情動的**あたたかさ** *warmth* のなかで、クライエントは、どのような態度を表現しても、自分が知覚しているのとほぼ同様に**理解** *understand* され、**受容** *accept* されることを見出し、**安全感** *a feeling of safety* **を経験し始める** [第1項]。すると、体験しているもののはっきりしない例えば罪悪感を、**探索** *explore* **できるようになる** [第2項]。この**安全な関係**のなかで、初めて自分の行動のある面に、その意味と目的において敵意があることを知覚し、なぜその行動に罪悪感を感じるのか、なぜその行動の意味を意識に否認 *deny to awareness* しなければならなかったのか、理解できるようになる [第3項]。だが、こう**はっきり知覚すること自体は、混乱させるものであり、不安を創り出すものであり、治療的なものではない** [第2項]。だが、この新しい知覚とそれに伴

> う不安を声に出してして言うと、この**受容的な**分身自我 *alter ego* すなわち治療者……もまた、これらの経験を**知覚** *perceive* すること、同時に、これまでにない質を伴って**知覚**することを見出す。〔まず〕治療者は、クライエントが知っているとおりのクライエントの自己を**知覚**し、**受容**する。〔同時に〕意識に否認されてきた矛盾した側面をも**知覚**し、これらもまたクライエントの一部として**受容**する。〔その際〕これら二つの**受容**には同じ**あたたかさ**と同じ**尊重** *respect* がある [第1項]。かくてクライエントは、他者が自分の両側面を**受容**するのを体験し、自分に対して同じ態度を取ることができるようになる [第3項]。自分には敵意があるという新しい知覚に伴って必要となった追加や変更を行った上で、自分も自分を受容できることを見出す。敵意もあるが他の感情もある人間として自分を経験し、かくて罪悪感なしに自分を経験できるようになる [第4項]。クライエントにとってこのようなことが可能となるのは……他者がクライエントの照合枠 *frame of reference* を採用してクライエントとともに**知覚**し、しかも、**受容**と**尊重**をもって知覚することによる [第1項] (Rogers 1951, p.41; 強調引用者)。

あたたかさ、(共感的) 理解ないし知覚、受容、尊重を軸に記されており、治療者の役割 [第1項] に焦点化した記述になっており、また、情動と認知 [第3項] というよりは、一致から不一致への動きとして、顕在システム *explicit system* と潜在システム *implicit system* の点からの記述になっているが[*4]、脳の統合経路[*5] としてパラレルであることは見やすい[*6]。

CCTにおける神経統合
——心理療法の非特異的要因はむしろ特異的要因である——

Cozolino (2010) は、精神分析・CCT・認知行動療法 *cognitive-behavioral therapy; CBT* 等々を通じて四項目を読み取り／読み込んでいるが、情動と認知の点から、CCTにそって神経統合を記述すれば、次のようになろう。

CCTの対人環境下、クライエントは共感的他者によって自我に足場を

与えられ *ego scaffolding* [第1項]、広範な情動を経験する。すなわち、情動の神経ネットワークが活性化され [第2項]、感情と情動記憶 *emotional memory* が再組織化される [第3項]。方向づけられないこと *nondirective*、また、言うことが支持的に言い返され、明確化されることによって、実行機能ネットワークとその自己内省能力 *self-reflective ability* が活性化される [第4項]。こうして、関係によって提供される情動制御 [第1項]、また、認知と情動との同時活性化 [第2項／第3項]、さらに、視点の強化 [第4項] によって、神経変化の至適環境が提供される。治療者の支持によって足場を与えられ [第1項]、そのことばによって刺激され [第2項／第3項]、自分の物語を書き直す作業に取り組むことになる [第4項]。

　人生初期における社会的相互作用が、脳の構築に参与する神経伝達物質 *neurotrasmitter* や神経成長ホルモンを刺激することからすれば、心理療法はいわば肯定的養育関係を再創出し[*7]、共感的結びつきによって新しい学習を強化する脳の生化学的な変化を刺激し、神経可塑性を刺激していることになる。とすれば、心理療法の非特異的要因 *nonspecific factor* とされる治療関係の対人的情動的側面は、むしろ治療機序の第一にして、特異的要因ではないか。初期の母性的ケアが神経可塑性、情動制御、アタッチメント行動を増大し、肯定的で安全な環境でよく養育された者がよく生存するがごとし。逆に、心理的防衛による社会的孤立は、癒しに必要な対人環境の回避によって神経組織の硬化を強化するものとなるがゆえに、治療関係自体が他者との結びつきを再架橋するものとなり (pp.37-38)、非特異的要因どころか、まさに特異的要因ではないか。

心理療法における神経統合の共通要因
―― 小括、あるいは、安全な緊急事態 ――

　Perls, Hefferlin, & Goodman (1951) は、治療者が創出する経験を、非常に印象的に、安全な緊急事態 *safe emergency* と概念化した (pp.286-288) [*8]。緊急事態は未統合ないし制御不全の思考や感情への曝露 *exposure* によってもたらされ [第2項／第3項]、安全は支持的協働的治療関係によってもたらさ

れる［第1項］。

　Cozolino (2010) は、社会的器官である脳（社会脳）にとって安全で支持的な関係が社会的学習・情動学習の至適環境であること［第1項］を前提に、言う。「成功する心理療法はすべて、なんらかの形で安全な緊急事態を創出しようとしている *All forms of successful therapy strive to create safe emergencies in one form or another*」［第2項］。かくて統合を要するネットワークが同時反復活性化され、その統合が促進される［第3項］*[9]。そして、ナラティヴが共同構成され、神経ネットワーク統合の支持母体が産まれる。自伝的記憶 *autobiographical memory*[*10] によって、現下の感情制御を支持しうる自己の物語が創出されるのみならず、将来に向かってのホメオスタシス機能の維持を支持しうる自己の物語が創出される［第4項］。ここにおいて言語（化）は、神経発達にとっても心理発達にとっても、枢要なツールとなる (pp.46-47)。

　ここから、以下、四つのことを見ておきたい。

神経科学的に見た心理療法における言語化の意義
―― プライミングとブローカ野の制止:解除 ――

　まず、言語化について。まず、Arden & Linford (2009)。心理療法では、（病因）ストレス下で活性化された神経ネットワークが活性化され、葛藤的な過去の関係と連合している旧い表象や習慣的行動パターンが活性化されるが、そうした関係について話すことが、中核的な関係パターンの底にある潜在的な情動・認知シェマ活性化のプライミング *priming* となる (p.78)。以前の情動状態を活性化する手がかりが知覚されると、顕在記憶 *explicit memory* を伴っても伴わなくても、潜在記憶 *implicit memory* が活性化され、以前の感情が強化される (p.109)。すなわち、安全な緊急事態が創出される。

　次に、Cozolino (2010)。高覚醒下ではブローカ野 *Broca's area* が制止される。感情を言語化する能力の喪失は、扁桃体 *amygdala* に向かう下行抑制性の皮質ネットワークの構築を阻害する。ここにおいてお話療法 *talking cure* は、言語ネットワークを刺激し、適応的なナラティヴの創出を励ますものとなる。治療者が気を配りながらそこにいること、いつでもそこにいること、

心理療法の神経科学と無条件の積極的関心

技能を持っていることによって［第1項］、適度の覚醒が促進され［第2項］、辺縁系・脳幹に向かう下行抑制性の線維の構築に必要な神経可塑過程が支持される。また、感情の言語化［第3項］によって、ブローカ野の制止が最小化され、左（意識的言語的自己）右（身体的情動的自己）両半球の処理過程のバランスが支持される。心理療法／お話療法は、ブローカ野を刺激し、言語制止を解除し、予測能力を修復し、適応学習の神経可塑過程を支持するものとなる (pp.306-307)。

言語化は、心理療法における論題の一つである。非言語的アプローチ／水準における心理療法の神経科学モデルはどうなるのか？ 思わず思ってしまう。

技法としての曝露と機序としての曝露
―― CCT は曝露療法である ――

次に、技法としての暴露ではなく、機序としての暴露をキーワードとすると、CCT は立派な曝露療法 *exposure therapy* である。例えば Joseph（2004）は言う。

> **経験を正確に象徴化して気づくこと** *accurate symbolization in awareness of experience* が自己と経験との再統合に必要である。今日 PTSD〔post-traumatic stress disorder; 心的外傷後ストレス障害〕の人の**経験の統合**の援助について最も効果的な方法として考えられ強調されているのが**曝露**の活用である。エビデンスによれば、確かに**経験の正確な象徴化**を援助する治療が……PTSD の人の援助に効果的である。パーソン中心の理論家も、**曝露**の重要性について異論はない。

PTSD の人に限るまい。だが、言う。

> パーソン中心の理論ならではの考えはこうだ。そもそも治療者がクライエントをプッシュする必要はない。なぜなら、正しい社会的環境条

件〔治療的人格変化の必要十分条件 (Rogers 1957)〕があれば、クライエントは**自己と経験との一致**を増大させるよう、また、**経験を正確に象徴化して気づく**よう、元来動機づけられている〔実現傾向 *actualizing tendency*〕からである〔pp.107-108; 強調引用者〕。

「経験を正確に象徴化して気づく」とは、機序としてまさに曝露である[*11]。だが技法水準で課すこと *imposure* はない。治療的人格変化の必要十分条件があれば実現傾向がよりフルに発現し、おのずと生じるとするからである。CCTはここで諸療法と袂を分かつ。他療法はなにかしら技法水準で imposure of exposure、CCTは non-imposure of exposure。

また、諸療法はその技法において袂を分かつ。例えば精神分析は解釈によってこれを行い、CBTにあっては、例えばコラム法〔例えば大野（2010）〕はその一例である[*12]。いかなる機序・技法を取り上げてもくり返されるテーマである。

CCT／UPRはいわゆる支持療法ではない
―メタアナリシスによるエビデンス―

第三に、機序として曝露を言うとは、現存する神経ネットワークが支持されるだけ（非曝露）では、機能不全が遷延化するだけだということである。同情されるだけ（非曝露）では、新しい神経ネットワークの創出は望めないということである。中核的な信念や感情が挑戦されない（非曝露）なら、現存する機能不全な神経力動を強化するばかりだということである（Arden & Linford 2009, p.93）。

Cooper, Watson, & Hoelldampf (2010) は、面白いメタアナリシス *meta-analysis* の結果を紹介している。まず、PCE療法 *person-centred/experiential therapies*[*13] 全体は、臨床的にも統計的にも他療法全体と比べて等価である。しかし、PCE療法全体は、CBTに比べて若干劣るかもしれない。これは、いわゆる支持療法がCBTに比べて劣ることによる。だが、他のPCE療法は、CBTに比べて同等（CCT、その他体験療法）ないし同等以上（EFT）である（pp.10-12）。機

序として曝露を招来する点において、CCTはいわゆる支持療法ではない。

これまで、皮質-皮質下統合、左-右両半球統合という中枢神経系 central nervous system における統合〔注6参照〕を下敷きに見てきた。視点を変え、自律神経系 autonomic nervous system から見ると（Arden & Linford, 2009）、交感神経系 sympathetic nervous system による覚醒（アクセル）と副交感神経系 parasymathetic nervous system による制止（ブレーキ）とを制御するシステムの強化ということになる。一方、平衡を壊し、変化に力を与える交感神経系による覚醒が必要であり〔第2項〕、一方、副交感神経系による制止の必要を忘れない治療者が必要である〔第1項〕。この点からも、副交感神経系による制止と安心ばかり供給するいわゆる支持療法はポイントを外している。交感神経系による不快の活性化〔第2項〕と、まさにその瞬間における支持〔第1項〕とのバランスが必要である。UPR / Rogersは、不安抑制的支持療法の典型とされることもあるが、両者のバランスをモニターし、クライエントは自分なりの解決を見出すべし、とする（p.118）。

UPRの非完璧性の優位
――ほどよいUPRの意義、カタルシスへの留意――

さらに視点を変えるとともに、最後にWinnicott（1965）によれば、ほどよい good enough 養育が完璧な養育に優るのは（完璧な養育などありえぬが）、前者によって必然的にフラストレーションが生じ、みずからのリソースの開発が刺激されるからである。同様、心理療法においてもフラストレーションと支持は一体である（Arden & Linford 2009, p.93）。治療関係自体が安全な緊急事態だということの別の表象である。

そもそも治療同盟はガタガタする。防衛が生じる。防衛とそのもととなっている感情の明確化が脳の保守主義に反作用する。これが、理想的な相手とのファンタジーロマンスのような関係ではなく、脳の変化を促進するのに理想的な関係、に対する新しい反応の統合を発見する欲求を促進する。親身ではあっても完璧ではない治療者との、ほどよい、安定した関係に対する新しい反応の統合を発見する欲求である（p.94）。

この点からすると、UPRは"all or nothing"ではなく、「完璧なUPRはない」のはもとより、「程度問題」(Rogers 1957, p.98)どころではなくなる。そもそも完璧ではありえないし、そもそも完璧であってもならないということになる。

だが、情動覚醒の至適水準を見そこなわぬこと〔第2項〕。特に扁桃体によって処理されている記憶はカタルシスcatharsis[*14]によっては減衰せず、むしろ固定化する。支持的関係〔第1項〕と安全な緊急事態〔第2項〕とのバランスを最適化すること。さもないと、単なる過去の反復になってしまう。語れども変わらず。カタルシスのつもりが怒りや外傷経験を深めるだけになってしまう。行動的技法[*15]〔を禁じる？ CCTにあっては〕、非言語的ニュアンスに敏感に気づくこと[*16]、左半球の言語・ナラティヴ生成スキル（の査定）などがたよりである（Arden & Linford 2009, p.109）。ほどよいUPRの別の表象である。

まとめ

UPRはCCTの基盤であるのみならず、神経科学的に見て、全心理療法の基盤だ。それはむしろ心理療法の特異的要因だ。それを基盤に言語化／お話療法は、心理療法枢要のツールだ。CCTに関して言えば、それは曝露療法であり、支持療法ではない。UPRはその非完璧性／ほどよさに意義がある、など記した。

[*1] 「自己はシナプスによってつくられる。これは呪いである。自己の解体は容易だということだから。が、天恵でもある。つくられるのを待っている新しい結びつきがつねにあるということだから」(LeDoux 2002, p.324)。神経可塑性に関する最も美しい表現の一つだと思う。[*9]も参照。

[*2] CozolinoはRogers, C.R.のもとで学んだことがあるらしい。その対人スタイルと治療技法について証言できると言い、その例か、自分も含め多くが、自分たちにもそれができるというファンタジーを持ったと言う (p.30)。さらに言う。しかし、そのスタンスの維持は難しく、クライエントを方向づけたり、アドバイスしたり、変化させようとしたりしないよう

四苦八苦した。だが、支持的関係を提供し続けていると、クライエントに洞察が生じた。抑制するのに四苦八苦したあの解釈と生き写しの洞察である。クライエントが悲しみと感謝とをないまぜに言うことがあった。とやかく言われる恐れも屈辱の恐れもなしに、ともかく聴いてほしかった (p37)。以下に述べるモデルの原体験かもしれない。

* 3　恐怖刺激と連合した思考や感情の回避は、神経ネットワーク間の統合欠如を反映するとともに、それを永続化させるものである。恐怖に向き合うことは、心理療法の中核的構成要素である (Cozolino 2010, p.241)。

* 4　Lux (2010) は言う。一致・不一致は、神経科学的には、顕在システムと潜在システムとの一致・不一致である (p.278)。

* 5　まず、トップ-ダウン統合。皮質下（脳幹 brain stem・辺縁系 limbic system）は反射・衝動・情動を産み出し、皮質はこれらを加工・制止・組織化する。次に、左-右統合。言語に関して言えば、左大脳皮質は文法機能を担い、右大脳皮質は情動機能を担う。左-右統合により、感情の言語化、意識的気づきの中で感情を考えること、両半球の肯定的感情（左）・否定的感情（右）のバイアスのバランスを取ることができるようになる (Cozolino 2010, pp.27-28)。

* 6　焦点は、主として右半球ならびに皮質下の神経ネットワークに組織化されている自動的・非言語的・無意識的過程を、皮質の意識的気づきにもたらすことである (p.45)。

* 7　社会的評価ならびに社会的つながりへの欲求、また、それらを活用する能力が脳には構築されている［社会脳 social brain と言われる所以であり、神経可塑性の素である］。心理療法は、同じ神経モジュールや神経過程が含まれている点、養育関係やパートナー関係と同じである (Arden & Linford 2009, p.79)。

* 8　Perls は『グロリアと三人のセラピスト』(Shostrom1965) のなかで言う。「治療状況という安全な緊急事態の中で、患者は危険を冒し始めます。支持を求めて環境を操作することから、自己支持、すなわち、自分自身のリソースへの信頼をより一層発展させることへと、エネルギーを向け変え始めます」。

* 9　「ともに発火するニューロンはともに結びつく neurons that fire together wire together」(Hebb1949 / 鹿取ほか訳2011, pp.168-175参照)。神経可塑性、原点のモットー。当時は「仮定」だった。不変化と変化、脚注1に見るように、脱統合と統合、いずれの原理でもある。

* 10　Lux(2010) は言う。自己ないし象徴化された経験はいわゆる脳の顕在システムに基づく。その1つに作業記憶 working memory がある。作業記憶で表象されている内容のみが意識して気づかれる。作業記憶は象徴化過程の神経科学的構造である。もう一つが自伝的記憶である。自伝的記憶の活性化された構造が自己である (pp.275-276)。

* 11　「個人が薄々とでも自分の中に不一致を知覚すると、緊張状態が生起する。不安と言われるものである。……不安が治療でよく見られるのは、個人がその自己概念と鋭く対立する経験の要素に気づき始めたときである」(Rogers 1957, p.97)。

* 12　だが、例えばCBTはUPRに不関とするのは当たらない (Norcross2011, p.169)。例えばBeck (1995) は、認知療法を定義する「原則1：認知療法は、全ての話題と患者の抱える問題を、常に認知的視点から概念化し、それに基づいて実施される」に続いて、「原則2：認知療法は、確固たる治療同盟を重視する」を挙げ、「治療者はふつう、あたたかさ、共感、思いやり、誠実さ、配慮、力量といった、援助場面に不可欠な基礎的要件を示す」と言う (伊藤ほか訳2004, pp.6-7)。

* 13　①CCT／パーソン中心療法 person-centred therapy、②支持療法 spportive therapies、③情動焦点化療法 emotion-focused therapy; EFT/ process-experiential therapy、③その他体験療法 experiential therapies（ゲシュ

タルト療法 gestalt therapy、フォーカシング指向心理療法 focusing-oriented psychotherapy、サイコドラマ psychodrama、表現アートセラピー expressive art therapy など）の四つを含む。

* 14 カタルシスは、Rogers（1942）が唯一認めた「旧い方法」だった（pp.21-22）。
* 15 筆者は、例えば「10秒呼吸法」をはじめ、例えば越川（2007）のなかにあるエクササイズは、結果的によく活用している。
* 16 関連して引用されている印象的な例を挙げておく。「カレンの無表情な顔や平板な声、コートを着たまま座り、見でもなく、何か言うでもない状態は、標準的ではない方法を必要としました。彼女に手を届くようにするには、治療者は情動や活動の範囲を制限しなくてはなりませんでした。そうすれば、カレンの覚醒水準は彼女の許容できる範囲であり続けます。やわらかく平坦な声で話し、リズムをゆっくりとすることが、カレンの覚醒に対する許容量を増やしました。より生き生きとした声と顔で、彼女は自分の人生について話し始めました」（Beebe & Lachmann2002／富樫監訳 2008, p.64）。

現場での無条件の積極的関心(受容)

村山尚子

はじめに

　現場といえば筆者の場合、心理臨床の実践家として働いていること、種々のコミュニティのメンバーであり、家庭での生活者であることをも含めたすべてを現場ととらえている。基本的にはロジャーズ理論、特にパーソンセンタード・アプローチに立脚した実践の姿勢をとっているといえる。ここでは、筆者が関わるそれらの現場のなかから三相を選んで、ロジャーズの"中核三条件"、特に《無条件の積極的関心》がどのように反映されているかについて述べることになる。

　実際には単純に"中核三条件"を分離したかたちで考察できることではない。三条件は相互に影響をし合っている。しかし筆者が現場で認識できた《無条件の積極的関心》の姿勢にスポットライトを当てて述べることはできるかもしれない、と考えながらいま書き始めている。つまり、筆者の態度が、「クライエントやグループメンバー、コミュニティの人々や家族の体験しているすべての側面を」、「その人びとの一部として暖かく受容していることを経験しているならば」、「その人々はそれだけ、無条件の積極的関心を経験している」という関係である。理論的にこの原則が完全に満たされているならば、筆者とその人びととの関係には、安心や安全感が育ま

れ、そこを基盤にして、新しい創造的な方向に向かおうとする可能性のあるプロセスが育まれると考えられる。そう簡単に実現できることではないが、体験の一端を述べてみたい。

個人カウンセリングにおいて

◆ひきこもりの人とのカウンセリングを始めようとするときの工夫

《無条件の積極的関心》の姿勢がクライエントさんに伝わったのかもしれないと感じる例は、筆者の経験から特に高校生以上のクライエントさんやひきこもりの青年とカウンセリングを行う場合の初期段階がある。まだ「心理的接触」をもっていない段階で、特徴的に面接時間枠についての柔軟なやりとりがなされる経験である。

筆者の臨床環境は私設の研究所であることから、比較的自由度が高い。したがって、アポイントに際して受け入れ側として、例えば時間枠についての受容度を高くして待つこともできる。それに加えて、というよりそれよりもっと大事にしていることは、筆者の経験から、クライエントさんの心理的状況（いま、そうでしか居れない状況）をそのまま受け止めたいがためにカウンセラーの方の姿勢や状況調整を工夫した末のアイデアである。

クライエントのなかには、ゆるやかな契約でない限り安心感を得ることができない人が実際にいる。とはいえ、ゆるやかな契約で仕事をすることは、カウンセラー側が過剰に関与してしまうという明らかな危険が伴う。したがって、経験の浅い臨床家はこれを避けるべきである（『「パーソンセンタード・カウンセリングの実際」のなかで Dave Mearns が警告している〔『パーソンセンタード・カウンセリングの実際』p.18〕姿勢）。

◆Aさんとの経験

二十年くらい前にカウンセリングを行ったAさんは、不登校になって三ヵ月くらい自宅にひきこもったままの女子高校生であった。紆余曲折のプロセスをたどりながら最終的には、Aさん自身が方向を見出し、通信制高校を卒業して大学に入学、関心にそった専門技術を習得した。同じ頃に元の高校の友人たちと共に旅行やショッピングもできるようになった。そ

の段階でカウンセリングは終了している。

　面接時間を決めるまで：「病院にも学校にも行けずに家にこもっている」と母親からカウンセリング依頼があった。祖母（母親方の）が心配して「自分の死をかけても連れて行きたい。後生だからカウンセリングに行ってほしい」と本人に言っているとのことであった。筆者はこういうときは、まずキーパーソンになる家族の方に来所してもらう。カウンセリング場所の雰囲気や自宅からの道のりなどを見てもらうことで、クライエントさんが来談へのイメージづくりが出来、来談意欲を高めることにいくらかでも貢献してもらえることがあるからである。そして初回面接は、カウンセラーの方で都合のつく土曜の午後を当てることが多い。

　Aさんと予約した初回面接当日になった。祖母から約束時刻の少し前に、「先ほどから寝床で寝ている本人を起こしているが今やっと起き上がってきた。遅れる」と予想どおりの電話が入った。「起きてきたのならば来る気持ちはあるのかもしれない」と話し合って、待つことにした。その後も、経過報告のように何度も祖母から電話が入り、やっとたどり着いたのは予約の二時間半後であった。

　後にわかったことであるが、当時Aさんは自宅から自転車でなければ外出できなかった。自動車など狭い空間では恐怖感に襲われるようだった。面接場所が自転車で来られる範囲であったのが気持ちを動かした一つの要因だったようである。

　母と祖母の三人が来所した。初めに小部屋に入ってもらった。しかし一番奥の席にみずから座ったAさんは、涙をためながら、息が詰まったように手を口に当て、部屋から飛び出したので、筆者とAさんの二人は、大きいほうの部屋に移った。しかし落ち着かずに、庭の芝生にも出た。何度か深呼吸もしてみたが、まだ気持ちは落ち着かず、目をうるうるさせながら「帰っていいですか？」と初めて声をだした。筆者は「いいよ。大丈夫よ」「今日はよくここまで来られましたね。……また来られますか？」と付け加えると、少し間を置いてから頭を縦に振って頷いた。

　そこで家族とともに次回の約束に入った。母親は別のセラピストが会うことになった。母親の仕事の都合で、Aさんとは日にちも間隔も別の枠で

約束。Aさんには次回は○曜日の午後二時からか四時からかの一時間が面接可能だからどちらか選んで良いと伝えると、Aさんは祖母に向かって「二時からかな」と弱よわしく答えた。

面接時間を主体的にとらえるまで：次回とその次は定刻に来所した。大部屋のソファーにぐったり座るか、芝生の庭に出て庭石菖の小さな花をじっと見つめ、「ボーとするのが好き」と一言。「今のこんな風な感じのことが好きなのね」と応えると、少し頷くが……15分もしないうちに「帰っていいですか？」と懇願するように言う。「大丈夫よ。今日も来られたね」「次回は一週間後の同じ時間に」と約束。

次も定刻来所。ソファーにぐったりして、中学校二年のころから学校で過ごしにくくなった。高校に入って、塾など行って勉強が詰め詰めになった頃から、「もうどうでもいいや」という気持ちになった。……と、大まかな経過をゆっくりと話す。そして「どれくらいで治りますか？」と唐突に問いかけてくる。「今のしんどいところを一緒に歩いていくよ。早く良くなるといいね」と応えると、「うん」としっかり頷く。

しかし3回目から16回目まで、10分遅れの時や、15分、20分、30分遅れで来所。「行こうとすると緊張する」「きついのでどうしようか？」「クリニック（病院）に行ってみたけれど入れなかった」などと家を出る時に前置きの電話をしてから、何とか来所していた。来所しても、行動としては、ソファーに座るか横たわる。サンドプレーの砂を触ってみるのみ。二人のあいだでまだしっかりと安心したつながりができない状態であった。

それでも11回目では、15分遅れで来て「また遅れてしまった。」と言えるようになっていた。絵の具と筆で画用紙にさっと色を付けもした。もしかすると絵画が好きか？　と筆者は直感的に感じた。13回目には20分遅れで、にこにこしながら水を飲み、「"二時"と約束時間を決められると動けなくなる」と訴える。「そうなんだ。それなら、次の人の約束が三時半なので来所し、Aさんの始まる時間は二時と決めないで、三時までの面接、ということにしようか？」と二人で新しいアイデアが生まれてきた。

カウンセリング関係が成立：14回目は30分遅れ。Aさんは部屋の中を落ち着かない様子で動きまわって、「なんか気になる」という。カウンセラー

現場での無条件の積極的関心（受容）

は「なんか気になる」と同じ言葉をAさんに応えながら、自分自身も気持ちのなかでAさんは何か気になるんだ、と繰り返していた。そのうち部屋のドアを少し開けたりするので、空調かな？　とAさんの気持ちを追っていた。Aさんはコラージュをし始めた。しかし、
「何か、気分が悪い、横になっていい？」とAさんは言う。
「いいよ。……」と言って、Aさんが横になってしばらくしてからカウンセラーは「その（何か）のところに別の言葉が入ったらどんなになるかなあ？」とつけ加えた。すると、
「(何か)、が分かると楽になるのかなあ？」と応えるので
「そんなこともあるよ。」というと、
……
「うーん、あのー、おばあちゃんが外に来ているのか……いないのか。どっちかわからない……」
「そうなのか、そんな風なところが気がかりだったのね。」
「……三時に来ると言っていたので、もう来ているかもしれない。」
「そうだったの」……「では一緒に外に出てみようか。」
「うん」
という会話をすることができた。
その後、ほっとした様子のAさんと祖母が一緒に自転車で帰るのを見送った。
それまでAさんは一人で来ていると思っていたが、カウンセラーには知らせていなかったが、じつは祖母がいつも自転車で一緒に来て、外で待っていたらしい。その日は用事があるので三時には戻ると約束をして別れたようだ。"祖母が戻っているかどうかがわからない"Aさんは、このような状況にも心が揺れて不安定になり、その事態についても意識化すらできないこころの状態であったかもしれない。そんな状態では言語化はもちろんできない。今はそういう内面の状態であるとカウンセラーはわかった。
16回目からは、祖母に隣室で待ってもらうことにした。Aさんは自分が水を飲むときには祖母にも持って行った。優しい気持ちやそれを行動に移す姿があった。その後、だんだんと祖母と共に定刻に来ることが多くなり、

自分の身体的な訴えを主にしていた時期があったが、だんだんと心のなかの苦しみも素直に言葉で表現できるようになった。

28回目からは、祖母の都合がつかないときには母にも（葛藤はあったが）一緒に来てもらえるようにもなった。半年かけて少しずつ母や祖母から離れることができるようになり、43回目からはほぼ定刻に一人で来所できた。しかしその後のカウンセリング過程では、Aさんの心理的独立のための大きな山場が二回、三回とあった。母親や、母親面接者と共同してここを乗り越えることができた。Aさんは単位制通信高校への転校を選んだ。近くのショッピングセンターにも行っておしゃれに関心を持つようになっていった。

幼稚園の現場から

筆者はある公立の三幼稚園（二年保育）にカウンセラーとして依頼を受けて十数年になる。

幼稚園児つまり幼児期の心の発達においては、社会化のテーマが重視される。したがって幼稚園ではグループで対人関係を学習する保育プログラムが多く工夫されているし、言葉の発達や家族からの自立のテーマも同時に進んでいる。しかし生年月日が丸一年違うと、この時期では発達の個人差は大きいし、資質としての個人差も出てくる。教室では自己主張もどんどん強くなる。一人ひとりが思いどおりにならないときには、素朴に欲求がぶつかり合いトラブルも絶えず起こっている。初めて集団生活に入る子どもにとっては、かなりのストレスの場である。親のほうでも、これまで家庭では何の問題も感じなかったことが、幼稚園生活を始めることで子どもの対人関係の特徴が表れてくるので、大なり小なり悩みごとになっていく。筆者はこの環境のなかで、保護者の育児支援相談と保育士のグループ検討会に関与している。

◆保護者への育児支援相談

心配を抱えてきた保護者にかかわる時に大切にしている姿勢は、まず、

これまでの日々を忙しくしながら育てて来られたことへのねぎらいの気持ちと尊敬の気持ちを持って耳を傾ける。保護者の語る様子や話に対して、そのようなまなざしで聞いているだけで、20分くらいの時間内でほっと安心し、今日から落ち着いて、「もっと楽しんで子どもとかかわっていこうと思います」と退室される方もある。もちろん、具体的な心配事の対応については話し合っていくが、基本的にはこの「受容的」な姿勢から積極的肯定的な工夫が編み出されていくことを体験している。

　元保育士だったある園児の母親が相談に見えた。「多くの母親の気持ちが今になって分かりました。保育士側にいた時には、お母さん考えすぎですよとか大丈夫ですよとか、あまり叱らないで、とかを簡単に応えていたけれど、親としては心配のあまり我が子を追い込んで虐待にもなりかねない気持ちがそこにあることをわかってあげられなかった。ほんとうに、元プロのこの私であっても、自分の子どもだけに向き合っていると視野が狭くなってしまうのだということがはっきりわかりました。今日はゆっくり話を聞いてもらって良いひと時でした」と笑顔で帰られたのが印象に残っている。

　いろいろと心配している人にとって「心配している」気持ちや状況をそのまま受け止める人がいるとほっと安心し、それとともに次に見えてくることがあり、そこから見えたことが自分にとっての納得いく創造物（アイデア、工夫、気持ちの変化など）となる。長年継続している「母親のサポートグループ」でも同様の体験をしている〔『ヒューマニスティック　サイコセラピー』p.140〕。

◆保育士への支援

　保育士が保育上で気になる子については、要請があると、筆者は保育現場に参加して園児と共に体験学習をする。それから放課後の検討会に出るようにしている。

　なぜならば、筆者が大切にしていることは、検討会に参加した保育士の方々と共にみんなが、できるだけ横並びの対等な立場でいて、自由に安心できる場であるようにしたいからである。また、検討会で話し合われる対象児には、筆者や保育士一人ひとりが主体的につながりを持つような姿勢

にしたいからである。そうすることで、その子の担任であり話題提供者一人に責任を負わせることなく、保育現場での日々の努力を分かち合いながら理解して、全員で今後の保育方法や援助方法のアイデア、実施のステップなどを創造することが出来やすくなる。保育後なので、三時のおいしいケーキも、みんなの気持ちが豊かになり、楽しみの一つである。

　検討会で話し合われる子どもは、園で計画された通常の保育プログラムから外れる子ども（「そのようにしか今は居られない」子ども）であることが多い。対象の園児をどのように保育していくかの検討をなされるときには、保育士自身がそのグループで受容されていると、園児に対して暖かい配慮のある効果的なアイデアが生まれる。

現場での無条件の積極的関心（受容）

九重エンカウンター・グループにおいて

　九重のエンカウンター・グループは、1970年から四十年間開催され続けてたが2011年に終了した。それまで毎年末の寒い季節、九州といえども雪が積もる山岳地帯に、防寒コートに身を包みながら総勢50名もが集まった。こんなところに毎回、定員オーバーの状態になるまで申し込みがあるのはどうしてなのだろうか？　とよくスタッフミーティングで話題になった。オーガナイザーやスタッフが素晴らしいから？　などとは誰も思わないが、スタッフが共通して一番大事にしていることは、基本的に、一人ひとりの心のそのままが守られる場であるようにしたいとうことであった。そしてまた、開催期間が四泊五日と、当時日本で最も長いということも要因であろう。ゆっくりとメンバー同士のあいだでつながりができ、相互理解の姿勢やその雰囲気が熟成してくる。コミュニケーションがスムーズになり、育み合う土壌が生成されていくからであろう。

　この点について、参加メンバーの参加体験直後アンケートからも特徴が垣間見ることができたので触れることにする。

◆参加者のアンケートから

　アンケート整理について簡略に述べると、終了前十年間のアンケートの

内、ランダムに三年分を選んで、アンケート一枚一枚に書かれている文章のなかのキーワードに当たる「言葉」をあるだけを選び、一旦バラバラに取り上げ並べた。それらを眺めていると次のような大きな項目に分けることができた。

 Ⅰ 今感じている感じについて
  安心感、安全感、暖かさ（24の言葉）
  感謝（12）
  自分の存在感（9）
  前進・自由な感じ（6）
  戸惑い・不安（6）
  その他（3）
 Ⅱ 他の参加者とのつながりについて（26）
 Ⅲ 自分について感じ分かったこと（25）
 Ⅳ 現実に向けてのこころの準備（21）
 Ⅴ ファシリテーターに関する感想（5）

◆今感じている感じについて

「言葉」は全部合わせると132個あったがそのなかで、安心感・安全感・感謝・自由な感じなどの項目の言葉は54個あった。ということは、参加者の多くは、心理的に脅かされる雰囲気は感じなく、安心して自分自身のことに触れられたり、他人とかかわることが体験できていたと考えられる。それらの言葉をつなぎ合わせて文章にしてみると、それがより強調されると思われるので、つなげて記述してみた。

「はじめは二人のファシリテーターを見てハズレ感を持ったが、セッションが始まって穏やかな雰囲気が感じられて安心した。重くなく程よい緊張感のある安心感があった。メンバーのことを信じることができて自分のことを話せた。堅いするめをじっくり噛んでじわじわ味がするようなグループでした。暖かい視線、言葉、守られている感じ。グループから見捨てられない感じがあって楽しかった。ファシリテーターやグループから守られている感じ。誰もが尊重された。」

「生きていることに感謝。エネルギーが沸いてくる。日常での傷は癒えた。自分に素直になっている。満足。生まれて初めてEGに出て、今穏やかに筆を動かしています。自分が今ここにいることを感じている。自分流に逃げずにいる。」

「自由な自分。青年のようになっていく。気楽な自分。ありのままを表現した感じ。こころの大掃除をした感じ。Mix upでなくて fulfill。Thanksでなくて way to go。」

その他としては「沈黙も意味があった。セッションが進むにつれカウンセリングは技法ではなく心であることを感じた。」

不安感を感じている言葉もあった(6)。「下界へあーあー。胸がぽっかり。不安、驚き、とまどい……みんなすごい時間。ゆっくりペースになかなか馴染めなかった。迷惑かけてごめんなさい。」

◆他者とのつながり、自己理解、現実に向けてのこころの準備などについて

Ⅱ～Ⅴの特徴的な言葉も転載すると。

Ⅱ「自分との戦いを、いろんな人が関わり助けてくれたなあ、不思議でもあり、人間に希望が持てた5日間だった。」

Ⅲ「自分の感じたことが、こんなに愛しく大事に思えたことは初めての体験でうれしい。こうしかできない自分が愛おしくなりました。」

Ⅳ「引き受けなければならないいろんなことに向き合う準備ができたような気がして、少し辛いが、不快ではない。自分の背負ってきた問題の終着点に着けたと同時に、新たな旅立ちに向けて踏み出す。」

Ⅴ「ファシリテーターの人柄に触れて良かった。お二人とも人間としてしっかり自分に向き合ってメンバーに関わってくださる姿勢に驚き、勇気づけられました。」

これらを読むことによって、九重エンカウンター・グループ（その期間中のコミュニティ）においてメンバーが《無条件の積極的関心》あるいは"中核三条件"を経験しているといえるといえるのではないだろうか（エンカウンター・グループワークショップの時間空間のすべてを含めて、コミュニティの概念でとらえる〔村山正治『エンカウンターグループとコミュニティ』〕）。

現場での無条件の積極的関心（受容）

おわりに

　三つの現場について記述した。体験のなかで感じてきたことは「相手をありのまま受け入れる」とは方向性であり、程度の問題であると認識することで、自分自身が自由になりリアルに感受できるということである。その姿勢は、その日の体調や環境の要因でも変化するからである。共感能力についても、その時の受容度に相応して変わる。共感的理解度も上下する。筆者は、このことを前提に人とつながりを持ち続けることが必要であると思っている。もろもろの要因の変化をリアルに自覚しながら人間関係を作り上げていく"プロセス"にはロジャーズの"中核三条件"が存在すると実感している。

Column

緩和ケアの現場で"中核三条件"を体感して

都能美智代

　私は緩和ケア病棟で、生きる時間の限られた人たちと関わっている。そこでは、その人が最期までその人らしく生きられるようにと、まさにパーソンセンタードの援助が行なわれている。

　この時期の患者さんは、身体的苦痛と共に、精神的苦痛も大きい。例えば、治療をする、社会的役割や家族役割を失う、セルフコントロールが出来なくなる、誰かの手を借りなければならなくなる等様々なに変化する場面での葛藤や想い、過去への想い、生きる意味の喪失、死そのものや死に至るまでの苦痛への恐怖、大事な人たちへの想い……さまざまな気持ちが混在する。身体的状況の変化に伴い、気持ちが大きく揺れ動くことも多い。また、家族も一人ひとり違った悲嘆や想いを抱えて過ごしている。

　今年出逢った老人が「昨日は"もうすぐ逝きたい"と思ってたのに、今日は感謝してる人達と少しでも長く一緒にいたいから"もっと生きたい"と思うんだ。僕ってなんて欲張りなんだろう」と話された。その「もう逝きたい」「でもまだ生きたい」という想い、揺れる想いが彼の心のなかにあった。

　その時その時の気持ちが真実なんだろうと思う。その時の気持ちを、そのままにしっかり受け止め、共に揺れ、共に居ることがとても重要である。

　さまざまな想い…相反する、言葉にならない、整理ができない、諦めきれない、受け入れられない…悲しみ・苦しみ・絶望・孤独・生きる意味・喜び・願い…その人がその時感じているものを、援助者がそのどれもがその人の大事な気持ちとして受け止め続ける、抱え続けることが、その人らしく最期まで生きることに繋がる、私ができる唯一の援助ではないかと考えている。

　このように、緩和ケアの現場で、"中核三条件"、《一致》《無条件の積極的関心》《共感的理解》の重要性を体感しながら毎日を過ごしている。

グループアプローチにおける二つの無条件の積極的関心

安部恒久

はじめに

　グループ体験において、メンバー個人が自己を実現しようとするときに、二種類の《無条件の積極的関心 unconditional positive regard》が関与すると考えられる。ひとつは、グループ全体がメンバー個人を受容するかどうかの「グループ過程 group processes」における無条件の積極的関心であり、もうひとつは、メンバー個人が自己探求することをグループが受容するかどうかの「個人過程 individual processes」における無条件の積極的関心である。

　以下では、この二つの無条件の積極的関心を、【表1】に示すような、現在、私が開発しつつあるグループ構造に着目したグループアプローチ〔安部 2006, 2010〕を参考にしながら、論じたいと思う。

「グループ過程」における無条件の積極的関心
—— 共存を目指すこと ——

　グループ過程における《無条件の積極的関心》とは、簡単にいえば、**理解できない（わからない）ので、グループから「出て行け」とメンバーを排斥しないで、共存を目指すこと**ということができるだろう。以下、このこと

を考えてみよう。

　グループアプローチでは、表1に示すように、ファシリテーター受容プロセスとメンバー受容プロセスの二つのプロセスを通して、メンバー個人はグループ全体に受容される。個人療法では、セラピストがクライエントを受容するプロセスが強調されるが、グループアプローチでは、グループ全体がメンバー個人を受容するプロセスとなるのが特徴である。

　このことは同時に、グループアプローチでは、メンバー個人がグループから受容されないで排斥されることも起きやすいことを示している。すなわち、グループ体験では、グループ構造は【表1】に示すように、スケープゴート構造としての特質を持っているからである。したがって、ファシリテーターは、メンバー個人がグループに受容され、グループから排斥されることのないようにグループを促進することが求められる。

　すなわち、グループ過程における無条件の積極的関心は、メンバー個人がグループによって排斥されることなく、受容されるプロセスと関連をもつといえる。とくに、坂中（2001）が指摘するように、グループ過程の前半において《無条件の積極的関心》は他の《共感的理解》および《一致》よりも大きな影響をメンバーに与える。

グループアプローチにおける二つの無条件の積極的関心

　グループ体験における《無条件の積極的関心》を考えるときに、私にとって最も印象的なのは、アメリカ・カリフォルニア州で開催されたロジャーズらのラホイヤプログラム参加体験である（安部, 2010）。

　ラホイヤプログラムは、17日間の集中合宿方式によるエンカウンター・グループであったが、私がラホイヤプログラムに参加して最も困ったことは「言葉」の問題であった。

　グループ体験でのやりとりはすべてが英語で行われ、私は英語で自分の思いを十分に表現し、他のメンバーに伝えることは困難であった。

　しかしながら、ラホイヤプログラムでは、言葉が通じないからといって、私を無視したり、グループから出て行けとは誰も言わなかった。グループメンバーは、私が何を伝えたいのかを理解しようと、しつこいぐらいに私に関心を示した。私もメンバーの熱意に応えて、パントマイムや辞書を片

手に、なんとか私をわかってほしいと奮闘した。

　このようなラホイヤプログラムでの体験は、一口で言うと、わからない（理解できない）からといってグループから"出て行けといわれない"体験であった。言葉（英語）が理解できない（わからない）からといって、「除け者（のけもの）」にはしないという態度を、ラホイヤプログラムのなかで私は一貫して味わうことができた。英語を話すことはできなくても、私が伝えようとすることには、私なりの理由があるはずだと、メンバーは私に強い関心

表1　グループ構造に着目したグループアプローチ〔安部, 2006 / 2010から〕

	グループによる ファシリテーター受容プロセス		グループによる メンバー受容プロセス	
1. グループの構造	ファシリテーター　対 グループ（「みんな意識」構造） [ファシリテーター・スケープゴート構造]		メンバー個人　対 グループ（「みんな意識」） [メンバー・スケープゴート構造]	
2. グループの課題	ファシリテーター の加入	ファシリテーター の共存	メンバー個人 の加入	メンバー個人 の共存
3. メンバーの ファシリテーター 体験	仲間として試す ・いっしょに？	仲間として迎える ・問いかける 　（特徴は？）	仲間として期待する ・頼る	仲間として支える ・肯定する
4. メンバーの 仲間体験	仲間に自分を出す （自己開示）	仲間にふれる （自己吟味）	仲間に問いかける （自己リスク）	仲間に自分を 支えられる （自己受容）
5. ファシリテーション の着目点 （共通性と差異性）	同じ（グループ全体） ・同じメンバー 　として	違い（メンバー個人） ・違いを持った 　メンバーとして	同じ（グループ全体） ・同じ仲間として	違い（メンバー個人） ・違いを持った 　仲間として
6. 仲間体験の ファシリテーション	自発的活動の尊重 ・自分から動いてみる		グループへの安全感の形成 ・話せる雰囲気を感じる 　（思い切って言う）	自己への安心感の保護 ・安心して語れる
7. 仲間関係の ファシリテーション	グループ（仲間）に 入るプロセス ・自己開示とつなぎ ・共通項の形成	グループ（仲間）の ひとりになる プロセス ・主体性の発揮 ・差異性の尊重	メンバー加入 プロセス ・受け止めとつなぎ ・個人とグループの 　両方への働きかけ	メンバー共存 プロセス ・肯定的側面の強調 ・メンバーの援助力 　の活用
8. 仲間関係の発展	ストレンジャー（未知） を中心とした 仲間関係 (stranger-peer- relationship) ・知らない人と 　仲間になる関係	ファミリア（既知） を中心とした 仲間関係 (familiar-peer- relationship) ・仲間の新たな面を 　発見する関係	カウンター（対立） を中心とした 仲間関係 (counter-peer- relationship) ・対立を超えて 　仲間になる関係	サポート（支持） を中心とした 仲間関係 (support-peer- relationship) ・仲間に支え、 　支えられる関係

を示した。まさに、「無条件に」グループに受け入れられる体験だった。

　したがって、グループ全体がメンバー個人を受容するグループ過程において、《無条件の積極的関心》とは、わからない（理解できない）からという理由によって、グループから「出て行け」とメンバーを排斥しないことということができると思われる。

「個人過程」における無条件の積極的関心
—— 味方になること ——

　個人過程での《無条件の積極的関心》とは、メンバーが自己を探求し実現しようとする過程において、どのような場合でもメンバーの味方になることと表現できるのではないだろうか。以下では、メンバーの味方になることとして、1.トライ体験を尊重する、2.「異質さ」を受容する、3.グループ不一致をつなぐ、の三点を取りあげて論じたいと思う。

◆トライ体験を尊重する

　メンバーは、グループ体験において、自己探求の第一歩を、多くの場合、【表1】にみるように、自分から動いてみる自発性の表現として試みる（トライする）。すなわち、どのようにグループ体験を過ごしてよいかわからないので「自己紹介しよう」と提案してみたり、「どうしたらいいんですか」と問いかけてみたりなど、自分の思いを自発的に発言する試み（トライ）から始める。これらのメンバーの試み（トライ）を、いわゆる「足をひっぱる」かたちでバッシングすることなく、受け入れることができるかどうか。すなわち、「出しゃばるな」と攻撃するのではなく、「自分を出す」試み（トライ）として、メンバーの味方になることができるかどうかが問われる。

　先に紹介したラホイヤプログラムで私が影響を受けた言葉のひとつに、この「トライ」がある。ラホイヤプログラムでは、私が自分の感じている「申し訳なさ」や「しかたなさ」を伝えようとして行き詰まると、必ず「なぜトライしないのか」とグループは私にトライすることを勧めた。

　怖気づいてグループのなかに隠れてしまおうとする私に、もっと自分を

出すようにグループは励まし、勇気づけた。グループの励ましを受けた私は、幾度となく拙い英語で自分を語り、自分を出すことができた。私は自分をグループに受け止めてもらうことを通して、萎縮した私が積極的な自分に変化していくのを感じた。

日本に帰ってから、日常生活で周囲の人々から「変わった」というフィードバックを私は受けたが、その理由として、私はラホイヤプログラムでの「トライ体験」が私を変えたのではないかと振り返ることが多かった。

ラホイヤプログラムでは、メンバーに無理に自分を出させるということではなく、メンバーが自発的に自分を出し、自分のためにトライする体験を尊重していた。ラホイヤプログラム後、私は、グループ体験では、極力、メンバーが自発性を発揮するのを大切にし、自分を出そうとトライするメンバーの味方になるように心がけるようになった。

ところで、グループ体験では、【表1】にみるように、受容プロセスにおいては、メンバーの自己開示を受け止め、共通項を発見し、他のメンバーにつなぐことによってグループの仲間関係（加入プロセス）は促進される。この共通項を発見してメンバー同士が味方になることは、共通のことであるからして、グループにとってはそれほど難しいプロセスではない。しかしながら、続いての、共通項では括りきれない「異質さ」を受け入れる共存プロセスが、自己探求を目指す個人過程にとっては大きな課題となる。

以下の「個人過程」では、《無条件の積極的関心》は、「グループ過程」以上に、《共感的理解》および《一致》と関連するため、これらに言及しながら述べたいと思う。

◆ "異質さ" を受容する

通常、共通項はメンバー同士を近づけ、異質さはメンバー同士を引き離す性質をもっているが、はたして、グループは自己を探求し主張するメンバー個人の"異質さ"を受容することができるだろうか。

というのも、自己を探求し自己を主張することは、通常、「あなたはそのように考えるかもしれませんが、私は違います。私はあなたと異なって、

このように考えます」という自分と他人の違い、すなわち"異質さ"を主張の内に含むことが多いからである。

　このことは、個人療法においても根本的な問題であり、いわゆるロジャーズの「非指示的療法」「来談者中心療法」そして「パーソンセンタードセラピー」という一連のアプローチの変遷は、この"異質さ"を二者関係において、どのように認める(受け入れる)のかということに対するロジャーズの探求の結果として、捉えることが出来るであろう。

　すなわち、ロジャーズの場合には、それまでセラピスト中心であった治療的枠組みをクライエント中心に転換させることによって、この異質さを克服しようと試みたといえるであろう。確かに、クライエントの側に立ち「あたかもクライエントが見るかのように」セラピストも見るかぎりにおいては、"異質さ"は生じないことになる。

　しかしながら、そのことは簡単なことではないことをロジャーズの変遷は示しており、共感を通して「あたかも、クライエントが見るかのように、セラピストも見る」ことは、それゆえに、セラピストの主体性を弱体化させることになりかねない。ロジャーズ（1980）は、共感について、次のように述べている。

> たとえ他者の奇妙で見慣れない世界に入り込んでも混乱したりせず、望むなら自分の世界に気持ちよくもどることのできる安定した個人のみが行えることです。

　「気持ちよくもどることができる安定した個人のみが行える」というロジャーズの指摘は、おそらくはロジャーズ自身にも向けられた厳しい言葉であっただろう。はたして気持ちよくもどることができるのか？　安定した個人でないと行うことができないのか？　「異質さ(奇妙で見慣れない世界)」を示す相手と共感を通して共存しよう(味方になろう)と試みるロジャーズには、これらの問いが常につきまとっていたに違いない。

　このことは、グループアプローチにおいても同様であり、共感を通して異質さを受容し、メンバーの味方になろうとする場合に、「私が私でない

グループアプローチにおける二つの無条件の積極的関心

ような」状況であったり、「私は言いたいのだが口を挟めない」不自由さであったりといった「自己不在感」を体験する (安部, 2006 / 2010)。それでなくても、グループ体験では集団同調性が強く働き、自己の行為なのか、他者に影響されてのことなのか、自己の存在感が不明確になりやすい。

したがって、グループ体験では、「自己不在感」を体験するなかで、あえて「私は」と問いかけ、自己の主体性を発揮することがグループでの共感的関係を成り立たせ、自己の感覚を発展させることになるのである。

すなわち、"異質さ"を受容するために共感性を通してメンバーの味方になる場合、単に戦略技法としてではなく、主体性発揮という自己探求過程としても行われるところに特徴があると考えられる。

◆グループ不一致をつなぐ

私はあなたの「味方」ですという《無条件の積極的関心》を、自己探求を通して自己実現しようとしているメンバーに、二者関係ではなくグループ状況において、どのように示すことができるかを、《一致》との関連で考えてみよう。

グループアプローチの場合に、《一致》といわれるものが問題となるのは、以下のような個人の一致がグループに不一致をもたらす状況においてである。すなわち、メンバー個人は自分の気持ちと態度を一致させることによって、メンバー個人の内では充足感をもたらすのであるが、グループの他のメンバーにとっては、むしろそのメンバー個人の一致の試みがグループに不一致をもたらし緊張感を生み出す場合である。以上のような状況を〈グループ不一致〉と呼んでおきたい。

メンバーはグループ体験のなかで、自己探求の一環として、自己の内面の気持ちと態度を一致させようとしてグループでの自分の思いを言葉にし、自分に正直であったり、素直であったりしようとする。しかしながら、そのようなメンバーの態度は、メンバーがわかってほしいようには、必ずしも他のメンバー (グループ) には伝わらない (受け入れられない) 状況が多々起きる。

個人療法のセラピストとクライエントの関係であれば、セラピストはク

ライエントとのコミュニケーションにおいて、クライエントの意図を丁寧に確認しながら、繰り返しクライエントを理解しようと試みる。しかしながら、グループ状況では、メンバーの発言はファシリテーターを含めたメンバー全員に、同時に伝わり、それぞれの受け止め方をされる。

したがって、受けとめる側のメンバーは、伝えようとするメンバーが、なぜそのような発言をするのかという意図を十分に理解できず、グループのなかに不一致を引き起こしてしまうことになる。いわゆる、誤解であったり、すれ違いであったりということが起きる。場合によっては、メンバー個人の発言は、そのことを理解できるメンバーと理解できないメンバーのふたつの態度をグループにつくり、グループを分裂させてしまうことにもなりかねない。

したがって、グループアプローチの場合には、ファシリテーターは、メンバー個人がグループ体験おいて一致しようとして生じる〈グループ不一致〉に、どのように対処するのかという課題に直面する。

〈グループ不一致〉への対応として、グループアプローチでは、一致しようとしているメンバー個人と理解できないメンバーのあいだにファシリテーターが入り、いわば両者の味方となり、両者間を「つなぐ」働きかけを試みる。

ファシリテーターは、これまで述べてきたように、一致しようとしているメンバー個人が無視されたり、出て行けと言われたりしてグループから孤立しないように、何とかメンバー個人に共感的理解を示して味方になろうとする。

また一方で、理解できなくて不一致を強いられている他のメンバーが、一致しようとするメンバーに攻撃を加えたりしないように、ファシリテーターは理解できない側の心持ちにも共感しながら味方になる。

すなわち、ファシリテーターは、一致しようとするメンバー個人の意図を代弁しながら、また不一致を強いられている側のメンバーの気持ちを代わって受け止めることによって両者の味方となり、「つなぐ」ことを試みるのである。

ところで、このような両者の味方になろうとするファシリテーターの働

きかけは、ファシリテーター自身の内面にふたつの矛盾した態度を抱え込むこととなり、ファシリテーターの自己を分裂させかねない。したがって、ファシリテーターは、矛盾した態度を抱え込みながらも自己を分裂させないために、自己の内面において「つなぐ」働きかけが求められる。このことはメンバーにおいても同様であり、〈グループ不一致〉の状況において、ファシリテーターが自己の分裂をつなぐ試みは、メンバーが自己の分裂をつなぐことを促進するということができるであろう。

以上のように、ファシリテーターは、グループの不一致を自己の内面に抱え込みながらも、自身の自己が分裂しないように「つなぐ」ことを試みることによって、グループでの不一致を「つなぐ」ところにグループアプローチでの《一致》の特徴があるといえる。

まとめ

グループアプローチにおける《無条件の積極的関心》は、グループ全体がメンバー個人を受容するかどうかの「グループ過程 group processes」と、メンバー個人の自己探求をグループが受容するかどうかの「個人過程 individual processes」の二種類がある。

(1)「グループ過程 group processes」での無条件の積極的関心とは、メンバーをわからない（理解できない）からとグループから排斥せずに共存を目指すことである。

(2)「個人過程 individual processes」での無条件の積極的関心とは、以下のように、どのような場合でもメンバーの味方になることである。──①メンバーのトライ体験を尊重すること、──②理解してもらえない（とくにスケープゴートに遭っている）メンバーの異質さを受容し味方となること。──③理解されないメンバーと理解できないメンバーの〈グループ不一致〉を、《一致》体験を媒介としてつなぐこと。

以上のグループアプローチにおける二つの《無条件の積極的関心》は、グループ構造に着目し、単に戦略技法としてではなく、自己探求過程としてグループプロセスに働きかけることによって可能となると考えられる。

特別編

海外からの寄稿

Unconditional Positive Regards

エンカウンター・グループに対するパーソンセンタード・アプローチ

コリン・ラーゴ
坂中正義・中鉢路子 監訳　中島良 訳

> 私たちはみな、自分が思っているよりも賢いものである。
> グループの中では。(Rogers 1972)

内容に入る前に注意しておきたいこと
―― 文化差と意味について ――

　私の最も感謝を寄せる編集チームが、私にこの章を書くよう勧めてくれたことに最大の敬意を払いたい。けれども、次にお話しすることにはとても注意しておかなければならないだろう。他意はない。深く関与してきた専門的実践について記述しているこの私は、高齢のイギリス人であって、読者は、おそらく日本人（もしくは私とは異なった文化圏の人）であるということについてである。私の書くものには、必然的に、私自身の文化的価値観に基づいた強調や推論が入り込んでいる。よって、当然のことながら、私がこれから述べることには、みなさんの文化での見方からするととても驚かされたり困難に思えたりすることがあるかもしれない。

　1970年代初頭にガート・ホフステッドによってなされた長期的な文化間研究は、各国の文化差をカテゴリ分けしただけでなく、グラフによりこれらの違いを表した。さまざまな軸により、それぞれの文化との近さ／遠さをダイヤグラム化して提示した (Hofstede 1980)。これによると、個人主義－集団主義の軸ではイギリスはかなり個人主義的であり、日本はそれよりも集団主義的な価値観に拠って立っている。

文化的な価値観、たとえば、不確かなものに対してどう相対するのかということや、社会的地位（身分）の違いによってどのような差異があるのか、などなど、その他の違いについても、イギリスと日本の置かれている状況は、ある程度距離のあるものとして（読者には）受けとられることだろう。このように私たち（つまり著者と読者）の文化差は解釈の違いを生む、ということを踏まえながら、ロジャーズの言葉を思い出してみよう。上手くいく *successful* コミュニケーションにおける文化の役割について問われたときのものである――「私の経験上では、心の底から話せば、世界中どこでも人は私のことを理解してくれるということがわかった」。

　ヘルマン・ヘッセは、異文化交流の可能性と複雑さの両方について、こうまとめている――「地球上のすべての人が、基本的にはすべての人と対話をもつことができるといえるだろう。また、相手のことをズバリと言い当てる。つまり、お互いに、心の底から、そっくりそのまま深く理解することのできる人が世界中どこにもいないことも明らかだろう。それは陰と陽であり、昼と夜のようなものである。どちらも然り。時に我々はその両方を心に留めておかなければならない」（Hermann Hesse 1972）。

イントロダクション
―― パーソンセンタード・アプローチとグループ・ワーク ――

そうなるように働きかけ続けていれば、
人はその人自身になるのだ。〔老子〕

　日本には、エンカウンター・グループの長く豊かな歴史があり、また、多くの広範囲に渡る研究と出版物がある。パーソンセンタード・アプローチ（PCA）を「創始」した人として知られるカール・ロジャーズは、1959年に基本となる影響力のある独創的な論文を出版している。そこでは、個人のカウンセリングや心理療法へのオリジナルな適用から、後にファミリー・ワークや大小のグループ・ワーク、葛藤の解決 *conflict exploration*、教育などにも用いられるようになるPCAの発展の概要が記されている（Rogers 1959）。

　PCAの初期の様相と対立する人間関係への発展的な適用にみられるよ

エンカウンター・グループに対するパーソンセンタード・アプローチ

うに、ロジャーズの専門的な活動と経歴は、1959年の著書のとおり、並行して進んできたようである。つまり、心理療法の研究と実践からグループで仕事をすることへと、彼の関心が移っていった。実際に彼は、この後の仕事について短いけれどもとても意義のある（重要な）テキストを著書『エンカウンター・グループ』として出版している。

もちろん、ロジャーズのグループ・ワークは、ここで留まったわけではなく、PCAの更なる適用を、大人数のグループ、大人数の異文化グループ、そして（ここで述べている）葛藤の解決へと広げていった。

この章では、エンカウンター・グループのファシリテーションでは、対人関係理論としてのPCAがどのように影響しているかについて焦点を当ててゆく。

「エンカウンター」という言葉について

チューダーら（2004）は、心理劇のモレノがはるか1914年もの昔に詩歌の作品集で「エンカウンター」という言葉を使ったと例を挙げている。彼らはまた、グループでのエンカウンターにおいて、四つの重要な影響についてたどったウィバリー（1980）についても言及している。四つというのは、次のものである。

一つ目は、1940年代にクルト・レビンによって発展した、Tグループの方法論。

二つ目は、アメリカ・セラピューティック・コミュニティの薬物依存患者への実践により発展した、より攻撃的な対立的スタイルのグループ。

三つ目は、精神分析的な背景を持つウィリアム・シャッツが発展させた、カリフォルニア・エサレン研究所でのグループ・ワーク「オープン・エンカウンター」として知られているもの。

四つ目は、ロジャーズのグループで、ファシリテーターがより参加的にアプローチするグループスタイルへと発展させていた。ロジャーズの言葉を借りると次のように表現される。「グループが上手くいっていると、彼らが私を招き入れるのです」（Rogers 1972）。

上述したグループのスタイルはそれぞれ、グループ実践にみられる「エンカウンター」という言葉に内包された、いくつかの意味を反映している。「エンカウンター encounter」の中世英語でのもともとの形encountreは、古フランス語で「出会うこと」を意味するencontrerから派生している。エンカウンターという言葉はまた、対立や論争の可能性も含んでいる。同じ語から派生した別の意味は、「期待しない出会い」である。ビバウト（1974）は、パーソンセンタード理論の視点に立った彼の「エンカウンターという言葉の考察」で、接触や親密、共通性、「心からの共感 vicarious empathy」を重視している。ドイツの哲学者でユダヤ教ハシディズムでもあるマルティン・ブーバーはかつて、興味深くも教育を「接触」と定義した。ここまでに述べたことの要素をつなぎ合わせると、こんな連鎖ができうる。「教育は接触でエンカウンターだ……反対に、エンカウンターは接触で教育だ」。

　またエンカウンター・グループは、それゆえに、参加者が、文化的に受け入れられている行動や礼儀といった日常の社会的因習を超えて、本当の意味でお互いに人間として出会う機会となる場を提供する可能性と意図を含んでいる。そして、こうした出会いのなかには、自己・他者・自己と他者とのつながりへの甚大かつ重要な個人的気づきへの膨大な可能性が秘められている。

　ロジャーズと長いあいだ同僚であったジョン・K・ウッド（2008）は、グループの機能にはこのようなものがあると考えている。

・望みを持たせる。
・感情を体験したり表現したりする機会を提供する。
・対人関係上の学びを提供する。
・利他の精神を提供したり、経験したりする。
・共通性を実感する。
・情報が得られる。
・（セラピーの）条件を提供し、原家族で体験したような親密さを体験する。
・行動を真似たりしてソーシャル・スキルを高める機会を得る。

エンカウンター・グループに対するパーソンセンタード・アプローチ

パーソンセンタード哲学と理論

> 私にとって、グループとは有機体のようなものだ。
> 理論的にその方向性を定義づけることはできないけれど、
> グループそれ自体が方向感覚をもっている。(Rogers 1971, p.275)

心理療法の分野における、ロジャーズの最も重要な貢献のひとつが、彼が真摯に表明し、研究してきた治療的関係構築の本質に関わる仮説がある。彼は、心理療法理論が促進させる唯一のものとして、人間も含めた全ての生命は、実現傾向の影響を受けていると仮定した。その実現傾向とは、「有機体の先天的な傾向であり、有機体を維持させ向上させる力を発展させるものである」と述べられている (Rogers 1959, p.196)。グループ・ワークという文脈では、「有機体」という言葉は、グループそれ自体とグループにいるそれぞれの参加者どちらに対してもいえるものとして読み解く必要があろう。

さらに、ロジャーズは、次に挙げる六条件を、関係を援助する心理療法のための必要にして十分なものとして述べている。この条件ひとつひとつを、グループ・ワークの文脈に置き換えて書いてみる。

第1条件：二人の人間が、心理的な接触をもっていること。(Rogers 1959, p.213)
グループの状況に広げて考えると、この条件は次の二つが望まれる。
(a) ファシリテーターはそれぞれのメンバーと（心理的に）接触しており、メンバーはファシリテーターに接触している。
(b) ファシリテーターは、全体の有機体として、グループに接触し関係をもっている。

第2条件：一方の人間（クライエント）は不一致の状態にあり、傷つきやすい、あるいは、不安の状態にあること（カウンセリングや心理療法の文脈では、苦悩しているクライエントの体験は、必然的に、クライエントが問題に取組む動機づけになると考えられる）。

エンカウンター・グループの文脈では、グループ参加者については、こ

のレベルの個人的苦悩は、必ずしも必要ではない。しかし、参加者がグループの流れに参加し、積極的に関わろうと思っていることは望まれる。

第3条件：他方の人間（カウンセラーあるいはセラピスト）**は、この関係のなかで一致しており、統合されていること。**

グループ・エンカウンターの文脈でいえば、ファシリテーターには、グループ全体やメンバー一人一人との関係に一致しており、統合されていることが望まれる。

第4条件：セラピストは、クライエントに対して無条件の積極的関心を経験している。

ファシリテーターがグループとそこにいるメンバーに対する受容を体験することにより、グループはよりよく機能するだろう。

第5条件：カウンセラーは、クライエントの内的照合枠について共感的理解を経験している[*1]**。**

ファシリテーターはグループのメンバー一人一人を共感的に理解しようとするのと同じように、全体の有機体としてグループの共感的理解を体験していることが望まれる。

第6条件：カウンセラー（セラピスト）**の無条件の積極的関心と共感的理解が、クライエントに最低限知覚されていること。**

グループのメンバーからみて「ファシリテーターがメンバーを受容し理解している」ということは、グループの満足のいく進行には重要な要素である。

おそらく、これらの条件を個人とグループとに当てはめるときの最も重要な違いは、ファシリテーターがグループのメンバー一人一人に関わろうとするのと同じように、グループ全体の有機体にも関わろうとすることである。このスタンスは二つのどちらにも同じ価値をおいている。興味深い

ことに、ロンドンのタビストック・クリニックの行った精神分析的なグループでは、メンバー個人の建設的な体験に注意を向けず、共感や受容といった雰囲気もなく、ただグループ全体にのみ共感していると、メンバーの役に立たないだけでなくむしろ悪影響であることがわかったとのことである (Colson & Horwitz 1983)。

次に述べる注意は重要である。ロジャーズが示した有意義な関係のための条件は、上記のようにグループにあうように置き換えてあるが、エンカウンター・グループをファシリテートするという現象は、個人を想定した考えを単純にグループに置き換えたものとみなすことはできない。グループはある意味、メンバーそれぞれが個人的なやりとりをすることとは異なる社会的・文化的な文脈を作りだす。この場合のグループはそれ自体がまさに有機体である。つまり、それ自体が知恵を持ち、ダイナミックで、流れのある有機体としてのグループが、全てのメンバーにつながりを持ち、さらに、個々人の動きすべてに影響を及ぼす。

関係を互いに作り上げることをめざして

少しだけロジャーズ（1959）に戻ってみよう。

> お互いに、接触を持ったりコミュニケートしようと少しでも試みる時に、体験や気づき、その人のちょっとした行動など伝わったものの一致が大きければ大きいほど、その後の関係は、同じ質での相互コミュニケーションがより図れるようになり、お互いに伝わった情報をより正確に理解するようになり、より心理的適応が促進され、また、お互いに関係にさらに満足するようになる。(Rogers 1959, p.51)

要するに、関係のなかで一方の人が〈六条件〉を具体化したりモデルを示したりできるのなら、相手は同じように返してくるだろうということである。サンフォードは、グループではファシリテーターは「存在して」いて一人一人に耳を傾けようとしていることが重要であり、また、ファシリ

テーター側のパーソンセンタード・アプローチについての深い理解が重要であると考えている。また、彼女は"誰かが"ファシリテーター的であること（促進的な条件を提供すること）が重要であるとも述べている（Sanford 1999, pp 15-1)。サンフォードがファシリテーターという用語でなく"誰か"という言葉を使っている点に注目してほしい。全てのグループメンバーが場面によって他のメンバーに対しファシリテーター的になりうる、彼女は考えている。後にもう一度この話題に触れる。

セラピー的な関係におけるロジャーズの〈六条件〉と、乳児とその養育者（最も多いのは母親）の早期の関係との類似点について記述した、イヴリーン・マンの最近の学術的研究において、彼女は自他のものあわせ広範囲の研究を引用し、母親の脳内の科学的神経学的信号を誘発する対人関係上の能力に乳児は共鳴しているという視点を示している。

この華々しい研究で述べているのは、ただ母親だけが関係を培っているのではなく、双方（子どもと母親）がお互いに関係を作り上げているということである（Mann 2011)。この視点からすると、人間はどういうわけか遺伝的に関係をもつことを「予めプログラムされている」と仮定しなければならない。私たちは、向社会的な存在である。次の段落では、焦点を個人から集団へ移すという点に戻る。

もう一度、ロジャーズのより正式な学術的表現を引用してみよう。

> 個人（セラピスト）の性質に関する仮説をたて、その仮説をグループに適用するために広げて考えていったとき、ある程度は、リーダーと知覚された人がセラピーの条件を提供していると仮定されます。そのとき、グループで起きうる現象とは次のようなことです。（知覚された）グループの資源をより広く使える、より分化した情報がグループから与えられる、考えや視野がより広がる、自分を振り返ろうとする考えや行動が増す、リーダーシップの分化がより発達する、効果的で長期間続く問題解決が生まれるなど。これらは全て、すでに述べた理論から論理的にもたらされるものだ。（Rogers 1959, p.52)

このロジャーズからの引用では、すでにグループ・ワークのプロセスのなかで、「関係をお互いに創造する」能力について展開されている。この視点は、エンカウンター・グループに参加しているメンバーが、関係づくり能力の可能性やスキルをすでに備えて参加しているということを仮定している。よって、グループというのは、リーダーもしくはファシリテーターがいなくてもまとまりができるであろうし、完璧に機能していくといえよう。人間のつくるグループにはすでに関係づくりの基本的な素質があるからだ。これは、パーソンセンタード理論、特に大人数グループへの応用で強く主張されてきた点である (Bozarth 1995)。「何がファシリテーター的な行動で、どんな人がファシリテーター的であるかを言い表すのは難しい。ある瞬間の行動が誰かにとってファシリテーター的であるかどうかは知り得ようがないのだから」(Alan Coulson 1994)。ロジャーズ自身、メンバーがファシリテーターよりも、よくファシリテーター的であることを認めていたので、常に完璧にファシリテーターがその役割を負っているという考えを持っていなかった。彼がエンカウンター・グループを行なっている映像で、「ファシリテーターという役割や全体の責任をもつべきという感覚から、自分自身を解き放ちたい。」といった思いを述べている。

　この視点は、ファシリテーターはグループが選択したその方向へ開かれているという、パーソンセンタード理論のスタンスに裏付けられている。初期のパーソンセンタード関連の文献では、ロジャーズが最初に用いた「非指示的non-directivity」という用語に関して多くの議論がなされ、また多くの誤解があった。林は、この一般的な誤解を日本人的な視点から同意し、友田を引用し、日本語で"nondirective（非指示的）"を適切に言い表しているのは、「手を加えず自然のままであること」という意味の「無為自然」であることだと提案した。

> どうやら、友田は、理想的な政治を行う賢人の中に、クライエント（グループ）の自律性と自発性を徹底して尊重するカウンセラー（ファシリテーター）のありようを見極めた。しかし、その無為自然というアプローチをマスターするのは非常に困難であると指摘している」。(林ほ

か, 1998, p 108)
〔個人療法について言及されているこの引用がグループプロセスにも等しくあてはまるであろうと考えたため、筆者が「ファシリテーター」と「グループ」を加えた。〕

このセクション全体では、グループ・ファシリテーターの働きは重要であるとはいえ、グループ全体の能力やスキル、願い、知識といったものを尊重するためにファシリテーターという役割を降りることもまた重要である、という逆説的な視点が導き出された。

パーソンセンタード・アプローチの三つの注意書き！

ロジャーズの親しい同僚であったジョン・K・ウッドは、よく、「PCAは、心理療法でもなければ、心理学でもない。"**行動主義学派** *behaviorist school*"のような学派でもないし、"運動"でもない。それは、心理療法や教育、エンカウンター・グループなどに対するアプローチ（接近法）である」(Wood, J. 2008, pp.17-18) と指摘した。この一つ目の注意書きは、エンカウンター・グループのファシリテーターになろうとしている読者のチャレンジへの警告として映るかもしれない！ パーソンセンタード・アプローチは、関係において価値をもつと考えられるような行動に関してのアイディアや仮定をもたらしてはくれるが、「セルフ・ヘルプ（自分で学べる）」マニュアルにみられるような倣うべきものとして示される、わかりやすくて行動に移しやすい指針は得られない。

二つ目は、初心者のパーソンセンタードのグループ・ワーカーにはおそらくかなり期待はずれかもしれない。ロジャーズは、自分の理論の発展が心理療法上の仮説からファミリーワークやグループワーク、紛争など他の活動に広がれば広がるほど、どんどん、どういったものかの説明や研究がされなくなってきている、と述べている。

三つ目は、ウッド（2008 p.14）が引用している、ロジャーズが、PCAの**都合のよい矛盾** *friendly contradiction* について述べたものである。

> パーソンセンタード・アプローチは、共有された価値を主張しておきながら、独自性も推奨している。パーソンセンタード・アプローチは、人間という有機体は生来的に知恵を持ち、建設的な能力があるという深い考えにその起源をもつ。それと同時に、(このアプローチは)人がこれらの価値を具現化し、彼ら自身の特別で独自のありかたを発達させていくこと、この共有された哲学を彼ら自身の手で実行していくことを進めているのである。(Rogers 1986, pp3-4)

ロジャーズは、「**都合のよい矛盾** *friendly contradiction*」という言葉を使っているが、この引用を深く考察すると、パーソンセンタードの心理臨床家、教育者、グループワーカーといった実践家であるということは非常に困難であるということが明らかになる。つまり、PCAの価値や原則は、「実践での基本」として理解や価値づけがなされる必要があり、この基礎は──それじたい役に立つものではあるが──それぞれの実践者が自分の実践のなかで自分自身のやり方を発展させていかなければならない。パーソンセンタード・グループワーカーは、他の誰かのクローンではない。PCAに立っていても、その人の対人関係の持ち方、その人のファシリテーターとしてのあり方、行動(例えば、それぞれの説明 statements)にもとづいたグループなど、グループのメンバーによってかなり異なって受け取られることはよくある。パーソンセンタードの視点に立ってエンカウンター・グループのファシリテーターをやってみたいと思う人にとっては、「どうすれば理想的なファシリテーターになれるのだろう?」「どうすれば理想的な振る舞い方ができるだろう?」といった個人的な困難に直面することになろう。個人的あるいは専門家としての成長に関わるようなこうした自問をする姿勢は、相当な困難を与えてくれる。

この部分の要約は次のとおりである。
- パーソンセンタード・アプローチは、関係をもつ時の行動の指示マニュアルではない。
- パーソンセンタードのグループに関する厳密な理論や研究は、心理療

法の実践に関するものと比べてほとんどない。
- 実践家は、基本の知識を得た後は、自分独自のファシリテーターとしてのあり方を発展させるべきである。他の人をそっくりそのまま真似るなんて選択肢はない！

グループ・ファシリテーターになること

ファシリテーターの仕事は、初期にグループを組織化し立ち上げる仕事と、その後のグループ内でのファシリテーターの細かい仕事とにおおまかにいうと分けられる。

① **グループを行う前の仕事**：グループがうまくいくような条件を整える。宣伝や告知、目的、スタッフの採用、場所の決定、快適さや暖かさがあること、区切りを付けること、時間や食事、などがこれには含まれている。

② **グループ内で**：グループのはじまりをファシリテートする、グループの中に情緒的／社会的／心理的に作用する風土の創造（ガイドラインを話し合う、グランドルールの確立、倫理的な同意を得ることを含む）、グループのプロセスを促進する、終わりを知らせる。

重要なことに、ロジャーズはいくつかのところで、促進的（ファシリテーター的）であることには多くの異なったモデルがあると自分自身の信念を繰り返し述べている（Rogers 1970, 1977, 1980）。彼の著書『エンカウンター・グループ』には、彼が考えた、グループのプロセスを効果的に促進する特質がリストアップされている（Rogers 1970）。読者においては、次に挙げられている点はこの章の序盤で注目したもともとのグループワークの条件を反映しているということに注意してほしい。

- **グループを信頼する**：これを達成するには、グループには「グループや参加者自身の可能性を発展させるような、促進的な風土がある」こ

とを信頼することが重要だとロジャーズは信じていた。彼は、プランニングやエクササイズの使用を避けることを選んだ。同じように、彼は解釈やプロセスのコメントを避けていた。実現傾向はグループでも働いているものであるという深い信頼を持ち続けた。この信頼の姿勢は、グループがファシリテーターの指示を受けるというより、むしろグループが方向性を決めるという傾向へ必然的に導いていく。さらに、ロジャーズは、グループにゴールを課しないように最も注意していた。つまり、ゴールを設けるというのは、ほとんどの場合破壊的であると捉えていた。

- **傾聴**：一人一人に注意深く耳を傾けるのと同じくらい、グループ全体の展開のプロセスに耳を傾けることも必要である。この傾聴の質は、老子の次の引用によって深く特徴づけられる。「彼は聴いていた。彼が沈黙の中でやさしく包むように聴いていたのは、私たちが、"自分が本当に言いたかったのはこれだ"と最後に気づいた、そのことだった」。ヘルマン・ヘッセは、この本質的で力強い特質を美しく表現している。「彼の目は友人の目をとらえた。二人の間には親しいいたわりの表現や、彼を満足させたり安心させたりする親睦のあることに気づいたのだ。クネヒトはすっかり受け入れたと理解した。彼は、人々が気軽な会話や物語を聞くのとは違い、しっかりとした注意と慈愛をもって、まるで瞑想して話題に集中するように聴いていたのだった」（Hermann Hesse 1972）。

- **意味を伝え返す**：ファシリテーターは、メンバーがグループ内でする発言は何を意味しているのかを理解し、伝え返したりすることに努める。

- **心理的に安全である**：ファシリテーターは、参加者がグループで十分に安全だと感じる、つまり、参加者が自分自身であることを十分に感じることができて、そこにいて、自分自身を十分に表現できるということを、助けるような行動をする。

- **グループを受容する**：これは、先に述べたが、二つの要素に分けることができる。それは、グループを完全な有機体として受け入れるということと、グループにいるそれぞれの個人を受け入れるということである。グループ全体を受容するという文脈では、グループがどんな力動の中にいて、どんな話をし、どんな態度でコミュニケーションがもたれているか、グループが行こうとしているところを受容するということを含む。

- **グループのメンバー一人一人を受容する**：これはファシリテーターにとって非常に重要な挑戦である。メンバーとの関係の中で信頼や一致の能力が試されるからだ。また、それぞれのメンバーがグループのプロセスに望むもの・望まないもの、貢献するものを尊重し受け入れることも求められる。

- **共感的理解**：意味や意図を理解する能力。理解したり、メンバーを理解したということを表現したりすることに努める。

- **「自分の感じるままに動く** Operating in Terms of my feeling**」**（Rogers, 1970）：「私は体験している連続的な感情を声に出すように努めている」。これはファシリテーターの信頼性や透明性についての表現を促す。ロジャーズは、エンカウンター・グループの映像の中でこの視点をつけ加え、「グループでは、私自身の**衝動**（自然におきてくるもの）を信じるようになった――その自らの**衝動**を尊重したり表現したりするようになってきた……」。

- **対決とフィードバック**：ロジャーズは、誰かと対決する時は自分の体験している感情をも一緒に向き合うようにしている、と述べている。また、彼は自分が向き合っている参加者の行動の側面について、具体的であろうと努力している。彼はこうも述べている。「人の防衛を攻撃す

るのは、私にとっては断定的に思える」。

- **率直なファシリテーターvs専門家であること**：グループのなかで個人的に「率直に」いるということと、「専門家として」いるということの間には、緊張がある。カールのファシリテーションのスタイルは、その両方に根ざしているもので、ファシリテーターとは、そのようであるものと願っており、自らすすんでグループにふさわしい形で巻き込まれていくものであった。ファシリテーターが裁判官さながらに参加者の自己を暴いていくということは言語道断であった。ロジャーズは、ファシリテーターには出会いのなかに十分に率直でいるという能力が必要であると感じていた。そのことはファシリテーターは率直であり、自ら進んで変化することに対して開かれており、そして変化することを示唆している。

- **選択肢を提供すること**：グループに対して選択肢を提供する能力は、グループメンバーによる現実の選択を敏感に引き起す。

共同してファシリテーターを勤める

一人もしくは複数のファシリテーターと共同してグループに臨むことは、ストレスや役割による責任感を分かち合えるという利点があることがわかっている。別々のファシリテーターが一緒にグループにいることで、グループのメンバーにも利点がある。二人の（もしくはそれ以上の）ファシリテーターは、それぞれ自分のスタイルでそこにいて、関係づくりや自分の気持ちを共有するときに、それぞれ違った価値づけをしたり違った機会をつくってくれるであろう。

サンフォードのグループファシリテーションについての重要な「学び」のリストでは、コ・ファシリテーションついて、次の2つの重要なポイントに言及している (Sanford 1999, p.15)。彼女は、企画・実行チームの調和と不和のどちらもがワークショップに忠実に映し出されると述べている。自

分たちの異なった力動を扱えていないファシリテーターチームは、簡単にグループの働きをだめにしてしまう。それゆえに、他のファシリテーターとともに働くことは、熟慮すべき大切なことである。私は少なくともグループがはじまる前にそこに関わる人によって十分に考慮しておくことを勧めている。

ケイス・チューダー（1999 p.70）は自身の著書『グループカウンセリング』において、グループで共同してリーダーシップをとることの利点を、以下のようにリストアップしている。

- 補完性──体験の相互補完、例えば、男性と女性、黒人と白人、のリーダーなど
- 補足性──文字どおり、何かを補うこと（ファシリテーターが二人いるほうが一人よりもいい！）
- 観察しやすい──大は小を兼ねる！　一人が誰か一人に対応しているなら、別の人がグループを「ホールディング」すればいい。
- 安全性──一方のセラピストがグループ内のクライエントに対応しているとき、共同セラピストは、それとは異なる視点から安全性を提供する人としてみられているかもしれない。
- モデリング──連携すること、リアルな関係、健康的な葛藤、違いを認めるなどのモデリングとなる。

チューダーは、次いで共同リーダーシップの弊害をグループ向けにもファシリテーター向けにも提示している。弊害というのは、共同リーダー間の関係を壊す可能性やグループ内に混乱や言い争いが起きる可能性のことである。彼はローラーとネルソン（1991）の明らかにした、共同セラピストの五つの葛藤を引用している。つまり、競争、逆転移、混同、コミュニケーション不足、セラピスト間の一致と独立性の欠如である。

以上より、効果的なコ・ファシリテーションは、専門家としての良好な関係によるものだということがわかる。チューダーはお互い好意的になる要因を挙げている。それは、尊敬、パートナーシップの平等性、不均衡さ

の理解（ファシリテーターの価値の適合性、治療的な視点、異同の明確さ、言外の意味、ファシリテーターの体験の補完的なバランス）、知識とスキルである。

コ・ファシリテーションは、グループで働くストレスを低減し、グループメンバーへ計り知れない利点をもたらすことができる。ここで得た重要な教訓は、コ・ファシリテーター同士が上手くいくには、グループ開始の前に十分な準備時間を持っておく事が最も重要だということである。準備の間に、コ・ファシリテーター同士は、直接会ってお互いの事を知り、役割についての考えを表明し合っておく事が必要であろう。さらに、グループ全体やメンバー一人一人のプロセスに敏感に注目していくためには、定期的に会ってグループでの働きを振り返ることを勧める。

ファシリテーションの限界と困難な点

「よい」「力のある」ファシリテーターがグループワークのなかにいても、場合によっては難しい状況や壁に直面することがある。こうした困難に出会う瞬間は避けられない。大事なことは、ファシリテーターが、（できれば同僚・共同ファシリテーターやスーパーヴァイザーと一緒に）内省を通して、そうした瞬間を理解しようとすることである。

以下に示してあるいくつかの例は、こうした困難を描いたものである。

例えば、ジョン・K・ウッドとデイビット・ケインは、グループが注意深く考えているのを妨害しようという考えを（意識的にしろ無意識的にしろ）持っている人がグループにいるとそうなってしまうと述べている。これは、楽観的なファシリテーターにはかなり対立的な意見である。こう言えば十分であろうが、そういった人がグループにいると、ファシリテーター（たち）は、持ちうる全てのスキルや能力を最大限に使って、その要注意な行動を調整してグループを支えなければならない（J.K. Wood p.39）。彼ら二人は、「グループが可能性に気づくためには、よいファシリテーターが必要だと考えるよりも、よいメンバーを集めた方がよい！」と提案として続けている。

グループのやりとりに開放性や率直性がない場合、また別の困難に出会

うことになる。デボー（1974）はこれを「グループ不一致や**欺瞞** *deceit*」と名づけ、グループを導くのに失敗する決定的要因となりうると述べた。これは特に不一致や「自己欺瞞」をファシリテーターが持ち続けているときに乗り越えることが最も困難になる。この現象について次のような例がある。グループ全体が自分のなかにある何かはっきりしたものを無視しようとした。けれど、それはかなり強い不安を生むので、みんな向き合おうとはしなかった。英語ではこういう状態を言い表すのに「ゾウが部屋にいるのに無視している！ *We are ignoring the elephant in the room!*」と表現する。

ファシリテーターに満足しないだとか、ファシリテーターへの個人的な関心を持っているなどの話になったときも、ファシリテーターは困難さを体験する。こうした心理的不満を避ける個人的な方法として、ファシリテーターが話題を変えようとすることはよくある。

グループメンバーは時として、ファシリテーターに自分自身の何か特定の側面や過去を投影することがある。そして、ファシリテーターは、自分自身に何が起こっているかをよくはわかっていないということに気づく。これはコ・ファシリテーターがとても役立つ。グループ中であればファシリテーターとしての役割をより積極的にとることで、グループ後では、ファシリテーターのミーティングで役に立つであろう。また、スーパーヴァイザーと自分の仕事について振り返る機会を持つことも有用であろう。

要　約

パーソンセンタードの視点からみたグループのファシリテーションというのは、逆説に包まれた研究課題である。古代の賢人である老子の教えの精神に似ているものというのが一番言い得ていよう。つまり、あるべき姿であり、やるべきことではない。行動 action と同じくらい多く静止 inaction することが必要である。よく考えた発言、エネルギー、集中力が求められる。また、他人と心からまるごとつながろうという意志が必要である。配慮してリスクを負うことが求められる。誰でもファシリテーターになりうる可能性があるという知識をもって、一人一人と十分に関わるリス

クを負う勇気を持つ。みんながやりたい、話したいことといった、グループの願いに身を任せる。全てのメンバーを受容する器量が求められる。ファシリテーターの能力の限界を自分で受け入れることが必要である。つまり、ファシリテーターはそのとき何が起きているかを知らない状況になるリスクを負う必要があり、また、知らないということにそんなに不安にならずに、グループのプロセスのなかで労力をかけて理解していくようにしなければならない。我慢強さ、回復力、そしてグループのプロセスを信頼することが必要であろう。

　ロジャーズと彼の同僚たちは、すばらしい考え・理論・実践を後世に残してくれ、それは私たちのグループ・ワークの基礎になっている。私たちの課題は、自分のスキルや能力を高めて自分のなれる限り最高のファシリテーターになることだ。パーソンセンタードの考えを借りながら、けれども私たちそれぞれに特有のあり方を見つけ価値を見いだしながら。

*1　監訳者註：ロジャーズ（1957）は第5条件に「この経験をクライエントに伝達するよう努めていること」という共感的理解の伝達を加えているが、ロジャーズ（1959）ではそこは入っていない。

監訳：坂中正義（南山大学）、中鉢路子（更生保護法人鶴舞会飛鳥病院）
訳：中島　良（福岡心身クリニック）

Column

職場での"中核三条件"の活かし方

渡邊　忠

　日本の社会全般に人間関係の希薄化が言われて久しい。企業社会でも、「同僚はライバルなので、弱みを見せられないし相談もできない」「皆、タコツボに入っていて見えない」「上司の真意はどこにあるのかいつも疑心暗鬼になる」などの声が聞かれる。その状況下では、情報が十分共有されずに不祥事や事故を起こしたり、孤立化し、メンタルやハラスメントの問題の発生に結びつくことにもなりかねない。

　この問題に対処するのは容易でないが、筆者はある企業の職場で、意図的に相互理解のためのコミュニケーションの「機会」を作り、その「意欲」を高める試みを行っている。この「場」では、職場のトップを交えた構成員全員が、定期的（月1回など）に就業時間内に3時間ほど集まり、業務そのものではなく、職場の運営の仕方や役割関係について疑問に思ったことを出し合い、お互いの思いと個人的・人間的情報を共有するのである。

　そこでの筆者の役割は、参加メンバーが本当は何を言いたいのか、どんな気持（感情や意図）なのかを"通訳"すること、発言を促したり、横道に逸れたら戻したり、喋りすぎを止めたり"交通整理"をすること、それによってメンバー同士を結び付ける"仲人"をすることである。

　この役割の根元にある姿勢は、まさにロジャーズの"中核三条件"であり、メンバーの言わんとすることに「無条件の積極的関心」をもち受容しながら、その人の内面世界を「共感的に理解」し、存在そのものに耳を傾ける。その過程では、常に自分の内面の体験を意識し必要ならばそれを表現する。

　この姿勢と行動は、場に安全感を生み出し、徐々にメンバーの心と口を開く働きをすると同時に、一種のモデルとしてメンバー自身に学習され伝播していく。数ヵ月続けると、日常のコミュニケーションや関係が円滑になり、結果的に仕事の効率もよくなってくる。"中核三条件"は、職場などの日常場面での人間同士の理解を深め、結びつけるためにも大事な条件であると実感している。

特別編

他学派からみた中核三条件

Unconditional Positive Regards

本質的なものは保持されねばならない
―― 「真のもの」という視点から ――

松木邦裕

　"カウンセリング"ということばが心理面接についての代表的な日常語であることは、ロジャース派カウンセリング（クライエント中心療法）が心理臨床の社会的認知に多大な貢献をなしたことの、紛れもない証左である。

　そして、その導入から数十年を経て、心理臨床が社会に広く容認される職業活動となった現代において、ロジャース派カウンセリングは大変難しい状況に置かれていると私は感じている。困難な状況は、いわゆる伝統的心理療法各派においてもそうなのであるが、私には、クライエント中心療法を実践するパーソンセンタード学派がひときわ困難な立場に置かれているように思うところがある。

　それは、今日の認知療法の賑わいを指している。認知療法そのものは、視点移動のハウトゥを示唆する常識範囲内の手技であり、"こころ"という概念以前のものだが、それをいとも容易く肯定し推進する今日の時代文化は真の現実であり、それが今の時代だということを教えてくれる。すなわち現代とは、経済効果最優先からハウトゥ・マニュアルによる大量かつ促成の達成を高く評価する時代である、とのことは確かである。そして、私たちも今の時代を生きている以上、その現実を否認することはできない。時代の流れに沿って現世の利益を多く得ようとするか、流れに沿わず、逆浪を受けるかである。

しかるに、この時代においても、精神分析や森田療法、分析心理学などは、ある技法や理論を特化し、マニュアル風に変形を施し、時代の流れに追従することもできないわけではない。実際、精神分析においても、かつての交流分析、今日の人間関係療法、メンタライゼーション療法といった変種が派生してきた。認知療法もそのひとつとみることができる。

だが、ロジャース派カウンセリングは、そのような変形が極めて困難であると私には見える。しかしながら、それは当然である。なぜなら、私の理解するところ、ロジャースが提示した"中核三条件"というその中軸部分とは、「技法」ではなく「態度」だからである〔たとえば、坂中正義 2015──本書〕。

その態度をマニュアル化しても、それはファストフード・ショップ店員の対応のように、浅薄なものに終わるだけである。つまり、軽さが顕在化するにすぎない。それとは対照的に、"中核三条件"が描写する態度は、あらゆる心理面接における基本的な態度としてすべての心理面接、心理治療の基盤に据えられるべき深厚さを備えたものだからである。

私自身が精神分析家としての臨床経験を重ねるほどに思うようになったのだが、その心理療法の有効性は、その治療者が拠って立つ流派の技法の上達のみにあるのではなく、その人の"こころの治療者"としての全般的な内的／外的姿勢の向上に拠っている。つまり、人間理解の繊細な深まり(広がりではない)に基づく内なる姿勢と、その表出形態である。その態度があって初めて、技法の上達が生きる。そして、その心理治療者としての姿勢の基本は、"中核三条件"として述べられているものと本質的に一致すると私は思う。よって、我が国の臨床心理の黎明期に、この"中核三条件"が導入され、それが歓迎されたのは、我が国の臨床心理の健全な発達への貴重な貢献であったと私は高く評価する。

＊＊＊＊＊

"中核三条件"は、私の知る精神分析のことばを使うなら、それぞれ以下のように表現されるだろう。

《一致 congruent》は、〈誠実な信頼 faith〉である。《無条件の積極的関心（受容）Unconditioned Positive Regard》は、〈コンテイニング containing（あるいはその方法として、「記憶なく、欲望なく、理解なく no memory, no desire, no understanding」）〉である。《共感的理解 empathic undertsanding》は、〈能動的感受 active receptivity（あるいは、その方法としての試みの同一化 trial identification）〉である。

私のこれらの等値には、各個人の臨床感覚からは多少の齟齬や重複はあろうが、いずれにしても、要は、"こころの治療者の基本"として、それらをどこまで身に着けることができているかである。

ここで考えてもよいことは、「カウンセリングとは何か」という問いに戻ることではないかと思う。

カウンセリングとは、「その人という主体のこころをそのまま尊重する心理面接の基本型」のことであると私は考える。そこでは、こころを意図的な操作の対象としないことが何より重要なことであり、踏み外してはならない倫理だと私は思う。いくらその人がどれほど苦痛を訴え、それを取り除くためということでも、こころを意図的に操作し変形を図ることは、倫理にもとる行為だと思うからである。それは、催眠療法、行動療法や認知療法といった、その基本が暗示や教育的指導にあるもの、つまりその人のこころを意図的な操作の対象とするものとは、本質的に異なっている。

このように考えると、パーソンセンタード学派の提出している"中核三条件"は、心理面接の基本、つまり本質的態度をていねいかつ十分に教えるものとして、心理臨床に携わるあらゆる者が尊重しなければならない、心理臨床の入口に不可欠な基礎要件以外の何物でもない。

そして、パーソンセンタード学派の方たちも、そこを何より尊重すべきではないだろうか。「クライエント中心療法のなかで進展しなければ……」という無理な枠に狭く留めることはいらないと思う。むしろ、派内部での進展をあえて避ける気構えすら欲しいと思う。それからの展開には、いろいろな道があるだろう。それでよいのではないか。それは、その個人の選択である。その自由さを保障するところにパーソンセンタード学派の偉大さがあるのではないだろうか。……もちろん、"中核三条件"に認められる

態度が身に着いていないと、その人には、どの道に入っても真の進展はないだろう。

＊＊＊＊＊

　私の思うところ、臨床心理学の基礎学問は、認知心理学や知覚心理学、神経発達心理学ではない。これらは神経生理学であって、脳神経のはたらきを知るには有用であるが、"いま−ここに、生きているこころ"を知る手立てにはならない。基礎学問でありうるのは、文学、哲学、社会学、臨床精神医学、人類学、宗教学などの、個人のこころや集団としてのこころを知ることに有用な学問である。

　すでに当然のことと思われているのかもしれないが、この臨床心理の実践的基礎学問に、ロジャースの"中核三条件"を基盤に置くパーソンセンタード学は、堂々と位置づけられるとよいと思う。

　時代の移りゆく評価や要求に迎合してはいけない「真のもの」が、世のなかには少なくなく存在すると私は考えている。この"中核三条件"も、心理臨床でのそれにあたる。そしてそれは、この現代だからこそ堅持されねばならない。

　私自身は、パーソンセンタード学派の訓練は受けていない。また、私が読んだロジャースをとり入れた心理臨床家の著作は、氏原寛の諸著書のみである。そのなかで氏原自身が傍流の人であることを明記しているので、いわゆる正統ロジャーリアンからみると、私は何もわかっていない人間であるにちがいない。確かに私は、クライエント中心療法やパーソンセンタード学派の考えをわかっていない。私自身の体験が内包された精神分析の臨床経験から推測しているのみである。

本質的なものは保持されねばならない

Column

誰だ、この私は？

エイモン・オマホリー

坂中正義 訳

パーソンセンタード・セラピストであり、
また、性依存症専門のセラピストなのか、
それとも性依存症専門のパーソンセンタード・セラピストなのか？

　私はパーソンセンタードの観点から、性依存症を呈しているクライエントとのカウンセリングの際に生じる問題を探究しようと思う。これはパーソンセンタード・カウンセラーとしての私自身の歩みと発展を示すことも目的としている。

　パーソンセンタード・カウンセラーとしての私は、私の共感、無条件の積極的関心、一致をとおしての促進的な場を提供できれば、クライエントは実現傾向に則して自身の進むべき方向性を見出すと信じている。長年、多くのクライエントと関わるなかで、クライエントが成長しようと動くこのカウンセラーの在り方の力を感じていた。しかし同様に、このような在り方によって促進的な変化がみられないクライエントの一群が存在することにも気づいていた。それは、アディクション（嗜癖）と戦うタイプのクライエントである。私は共感、無条件の積極的関心、一致しえたが、実現傾向による成長を妨げる嗜癖行動に対する促進的な変化はみられなかった。このことは多くの疑問を引き起こした。私は「まちがい」をおかしたのか？　別の何かをする必要があったのか？　クライエントは別の何かをする必要があったのか？

　これらの疑問に対する答えは、私が2009年にアメリカで性依存症専門セラピストのためのトレーニングを受けようと決断したときに得られた。このトレーニングは、パトリック・カーンズ（彼は嗜癖を抱えた人の完全な回復に必要な30の課題についてのアプローチを考案した）の業績にもとづいたものである。ここでのセラピストの役割は、クライエントがそれらの課題に取り組むよう援助することである。よって、はじめからパーソンセンタード・アプローチと課題中心アプローチの違い

に挑むこととなった。ここでのセラピストは、クライエントが課題に取り組む援助となるあらゆるリソース（インターネットやワークブックなど）を用いることが奨励される。この新しい学びは、私自身の「自己」と職業上のアイデンティティに関わる多くの緊張を生み出した。私は性依存症専門のパーソンセンタード・セラピストになれるのか？　それともパーソンセンタード・セラピスト、性依存症専門のセラピスト、それぞれがそれぞれで私のなかに併存する形でおさまることになるのか？　この狼狽は、自分がなんとかして自分をパーソンセンタードという自分の持っているラベルの中に閉じ込めようとしていることに気づかせた。ただ、この時期の私は、この自己概念を変化させることや更新することを許さなかった。

　新しい学びを取り入れはじめるにつれ、クライエントとこれまでとは異なる関わりをしていることに気づいた。カウンセリングでよりアクティブになっていた。カウンセリングの初期段階では、クライエントが自身の嗜癖行動の範囲を理解し、それらと自分との間に実際的な境界をおくことがめざされた。よりいっそう焦点づけられた治療同盟のようなものもあった。この変化は、セッションの中での「在ること」と「すること」のよりよいバランスを得るための私なりの慎重な試みであった。クライエントが往々にして羞恥心を感じるような問題を探求することができるような安全な場を提供することは、カウンセリングにおいて重要である。
　クライエントが自身の嗜癖行動の影響と向き合うチャレンジを適切な一致を持ち続けながら促すと同時に、深い共感と直感を持ちつづける方法がわかった。早期の段階では、私は性依存症についての文学を読むことを勧める。彼らの抱える困難への気づきの援助のためのワークシートを用意する。これらも、クライエントのモチベーションの利用や推進力をうみだす助けとなる。

　カウンセリングの進展とクライエントの嗜癖行動とのあいだに境界ができはじめるにつれ、クライエントは大抵、「羞恥心、怒り、戸惑い、不安、恐怖、喪失感、悲しみ、そしてトラウマ」といったあらゆる感覚を含む体験過程に触れるようになる。このプロセスのなかで、クライエントは実現傾向に則した一層の成長を促す自己の一部に接近し、それを開放する。
　あるクライエントはこのことを「私はこれらの行動をわきに置いて、最高の自分でありたい」と述べている。別のクライエントは「より高い自己」に触れつつ、存在するというプロセスを体験する。この道のりにあるクライエントに寄り添うことは、とても感動的で意味深いものである。クライエントとのカウンセリングの中心は関係の質である。クライエントは関係において傷つく経験があったであろうし、

そのようなことからしばしば人に対して疑い深く、また親密な関係を恐れるようになる。共感、無条件の積極的関心、一致を強調するカウンセリング関係は、そのプロセスにおいて非常に治療的な役目を果たす。

　個人カウンセリングでは、私が学んだようなことがクライエントの治療において中心的であるが、12ステップのプログラム*や集団療法のようなグループプロセスが伴うならば、治癒は一層高められる。グループのメンバーはセラピストにはできない一体感を与えることができる。またメンバーは、そのアディクションを誘発する個独、秘密、羞恥心に対する良い解毒薬にもなる。

　結論として、この道のりが私に教えたことは、あまりに厳しくありように固執することは、非生産的であるということだ。私は何年も前に、世界と人間に対する私の見方を補ってくれ、また、いまだに補ってくれる一つのアプローチのトレーニングを終えた。私は私自身とクライエントとともにある在り方と治療のあり方において非常に大事な教訓を得た。特定の在り方についての価値判断も学びえた。
　ある一群のクライエントのニーズに応えることができないままになっていたこれまでの有効だとしていた関わりを、自分のなかで非難した。このようになってしまっていたのは、自分の自信のなさもあり、「もしあなたがこのようなことをするならば、これはパーソンセンタードではない」という考えでもあった。
　私のチャレンジから、この種のクライエントのニーズに対して、より流動的で、より反応的であることを学んだ。性依存行動に対する苦悩とともに、クライエントに寄り添い、彼らがより十分に自分自身でいられ、「最高、あるいはより高い」自己に触れられる場所へとプロセスを促進することは、光栄なことである。

　　　　　　　　　付記　訳出においては九州産業大学院の米満和哉氏にご協力いただいた。

〈資料〉
雑誌：
Sexual Addiction & Compulsivity: The Journal of Treatment and Prevention Routelage
その他のウェブサイト：
Sexual Addiction Resources / Dr Patrick Carnes　www.sexhelp.com
Society for the Advancement of Sexual Health　www.sash.net

＊12ステッププログラムは、次のサイト参照のこと
Sex Addicts Anonymous　www.sexaaa.org
Sex and Love Addicts Anonymous　www.slaafws.org
Sexual Compulsive Anonymous　www.sca-recovery.org

―――― 聴いて学ぶ　中核三条件 ――――

実感にもとづいた人間の尊重

飯長喜一郎

　ロジャーズの"中核三条件"について飯長喜一郎先生に編者三名でインタビューを実施した。飯長先生のお人柄を反映して、インタビューは和やかなムードであった。内容も、先生のこれまでの歩みや、ご自身の研究（自己開放性・自己開示）についてなど、どれも刺激的な内容であった。本来であれば、それらをすべて掲載することが望ましいが、ここでは本書の性格上、ロジャーズの"中核三条件"にまつわる部分を中心に抜粋している。

ロマンティックなクライエントセンタード？

編者　　ロジャーズの魅力は？

飯長　　当時の学生は権力に対して、プロテストする。多かれ少なかれそっちにいってみるというのがありますよね。私の学年は敗戦時に生まれているんですね。戦争が終わっているんです。与えられた民主主義ではあるけれど、原理主義的な民主主義というか。非常に固いですけどね、私の意識のなかでは、ずっとそれの影響があるように思いますね。

飯長　　日本でのロジャーズの広がりっていうのは、戦後戦前から戦後への文化や思想の変化との関係を無視できないのではないかと思っています。漠然とした自由主義や民主主義の思想とロジャーズの考えとが重なって考えられた。それだけに、厳密には何が大事かっていうことが分からなかった。今日これからお話しさせていただくことは本当にわからなかった。わからないままに、勝手にロマ

ンティックにだけロジャーズの世界に入ってたんだよね。私だけじゃなく、大方の人がそうだったのではないでしょうか。

編者　ロマンティックなクライエントセンタードっていった……。

飯長　人間の可能性を信じてっていう。受容よりも受け身に近いよね。受容して、尊重していれば、どんどんよくなるみたいな。自閉症だろうとみんなそうでしょ？　当時のヨーロッパの反精神医学の文献も随分、翻訳された時期で、やっぱり若い人は惹かれますよね、いま本当にみんな読まないけども。統合失調症が、脳の神経学的生理学的問題ってほとんどわからない時代で、今でも十分わかってないわけだけど、ドーパミン仮説が出たばかりですよね。アメリカの戦後の発達心理学も、気質的生物学的ベースよりも環境要因強調型になって、養育者の育て方を中心としたものが言われるし、その当時は、気質っていったら何を言ってるっていう気持ちがあった。しばらくたってみれば、そういうわけにはいかないって、わかってくるんだけど。だからなおさら、人間的環境が良ければ伸びていくっていうのはそのまんますっと入っちゃう。だけど、考えてみたら、相手を尊重するってどういうことかってね、できなくて困ってた。「尊重」って、わかんないんだから。

編者　具体的に考えるときに、尊重っていうのは、どういうことなのかっていうのは……。

飯長　尊重っていうのが感覚的に育ってないんですよ。今日の後の話になるんだけど。私は、色んな人に大事にされ可愛がってもらった人だと思うけど、その意識は、後になるまで無かった。

日常におけるPCA的関係

飯長　自分としてはエンカウンター・グループは、やっぱりシャバから見れば、仮のというか、短期間のものと思ってる。それはそれでいいし、否定するつもりはないけど、そこを私は離れようと。仮の世界から離れようと。

妻とPCA的関係を作ろうとか。やっぱり、外で見せてる顔と、家族の前で見せてる顔とは違う。男の横暴さとかあったりするわけで、やっぱり出るわけですよ。そういう根っこのものとの戦い。そこを変えようと努力するわけですよ。今はだいぶん横暴でなくなったけど。

また、学生との関係、大学の同僚との関係とか。例えば、同じ学科の先生同士が警戒してたりとかはあったわけですよ。そういうなかで、そういう人たちとどう生き合うかっていう。例えば、佐治先生が学部長になったんですね。そしたら「教授会の運営を、PCA的な運営にできたらなって思ってる」って言われたんです。佐治先生は滅多にそういう個人的な思いは言わないんですけどね。

私はグループをやめる頃、日常生活でエンカウンター・グループで大事にするような生き方を心がけようと思ったんですね。

編者　どうでしたか？

飯長　ちょっとした心がけなんだよね。僕はもともと人を憎めない人だから、自分としては違和感のある人でも、その人もよく「生きたい」と思ってるわけでしょ。個人的にはどんなにまずいよなって思う人がいても、その人の内側から見たら一生懸命幸せになりたいって思ってるわけでしょう。どんどんそういう風に思えるようになってきたんです。五十歳頃からそういう感じになってきた。

編者　そうやって変わっていくと、飯長先生の臨床そのものも変わっていったりとかはあるんですか？

飯長　多少は面接できるようになっていったね。

実感にもとづいた人間の尊重

編者　飯長先生が一番大事にしている〈六条件〉はどれですか？

飯長　〈六条件〉をバラバラにしても、わからないですよ。ロジャースはずっと一体だと言ってるのにそういうところに目が向かないのは、自分のなかでそういう部分が育ってないっ

てことなんですよね。読んでも読めてないわけですよ。僕はごく最近ようやくそこが少し見えてきた。ロジャースはバラバラにすればこういうことだよって言っているけど、ベースはひとつ。基本的には、「人間はどういう存在か」ということをどう思うか、とか、そういう根幹の問題だと思うんだよね。バーレットレナードなども参考にして田畑治先生が作られた体験目録〔『心理治療関係による人格適応過程の研究』1978年〕の中に、lethality（リサリティ）って言葉が出たんですよ。辞書で引くと、致死性とかよくわからん翻訳が出てくるんですけど。

編者 何でそれがカウンセリングのスケールにあるんですか？

飯長 人間は死ぬ運命にあるでしょ？ 今かもしれないし、五十年後かもしれない。要するに、人間は死すべき運命にある。このスケール、私は三十歳頃に自分の調査で使ってるんだけど、その言葉の意味が大きいと思ったのが五十代前半になってから。科学的でないから申し訳ないけど、瞬間瞬間が大事だよね。いずれ、人間は死ぬべき運命にあって、出会って、出会ったところでどう生き合えるのかっていうところに心理臨床があるって思う。

　それで、そういう態度がベースにあって、カウンセラーのあり方を分解していくと"中核三条件"や六条件ってなってくる。トータルのことをいうと、科学的でなくなってしまうけど、教育観とかって、そういう話になるだろうって。"中核三条件"って概念を教えるのはできるけど、これではバラバラの概念なんだよ。おおもとの言い方すると人間の価値の尊重とかね、そういう言い方になる。相手がこういうものを持ってるから偉いとか、こういうことができるから偉いとか、私のことを好いてくれるからこの人が好きとか、そういうことじゃないじゃない。尊重ってのはね、生きている感覚、実感なんだだと思うんです。それがわかるのに四十年くらいかかっちゃった。

　そういう感じっていうのはだんだん実感として出てきますよね。生き合うとか生かされるとかっていうのは、若いとき言葉として

は知っていても、まったく実感が伴わないし、さっきの"中核三条件"、Unconditional Positive Regard、Regard は基本的には「尊敬」だから、「配慮」では弱いと思うんですよね。やっぱり、「尊重」するってことだと思う。大事にする。「人間の一人の重みとして大切に思う」っていう、そういうことだと思うんですよね。

スーパーヴィジョンと心理臨床家のトレーニング

編者　先生は最近、スーパーヴィジョンに力を入れておられると聞いたんですが、さっきの"中核三条件"というか「人間に対する尊敬の念」といった態度を、教育やスーパーヴィジョンの時に学生にどう伝えていくか、育てていくかっていうところがひとつのキーになるような気もするんですけど。

飯長　そうですね。難しいですね。まあ、自分では今はやっていないけど、まず、「グループ」には出てほしいと思うんですね。やっぱり、グループのなかで、いろんな人との関係のなかで、いろんなものを感じたり。自分自身はピンとこなくて、なかなかコミットできなくていても、一定のプロセスが進むと、メンバーのなかでいろんな表現が起きたり、コミュニケーションが起きたりする。それ見てるだけでも意味がある。もちろん、自分が体験するのが一番いいとは思いますけど。だから「お願いだからグループは出てね！」って言いますね。

　授業でも、〈六条件〉のそれぞれはどういうことかって、私が一方的に話すよりも、みんなで話してもらって、私もそのなかに入るってことをします。あとは、読んでただけじゃダメで、どういう人生の場面であれ、何らかのかたちで体験しないと、わからない。クライエントさんとのあいだで体験することもあるし、グループもその体験のひとつ。日常の仲間、家族、教師との関係もそう。

　スーパーヴィジョンもそのひとつです。最初の頃であれば、クライエントさんの見立てっていうか、あるいは目標を考えるとか、

聴いて学ぶ　中核三条件

カウンセラー側の不安をサポートするとかありますよね。途中になってくると、スーパーヴァイジー自身が、クライエントさんをどう体験しているかとかっていうことが、ポイントになってくる。どう体験しているかを大学院生が表明できるように、探れるように、大学院生が多少私を支えにして、向かいにくい自分、本当はこういう気持ちになっちゃうんだとかあるよね。常にそればっかりやってるわけじゃないけど、ある瞬間では、院生もそこに向き合わざるをえなくなるんだよね。その時に私が、そういう状態のスーパーヴァイジーとどう向き合うかっていうことを少しでも体験してもらえればねって思うんです。

　やっぱり、体験しないことは分らないってことはベースにあるんだと思う。それをどういう場面で、どう体験してもらうか、相手が私でなくったっていい。大学院の一年生が12人くらいいるけど、その集団のなかで、二年間いろいろあるなかで、人間に対しての見方とか醸成されてくるといい。教員が何かすればよいっていう話でなく、総合的なものではあると思うけど。そういうなかで、少しでも、例えば、クライエントさんに対する「無条件の積極的関心、受容」「共感的理解」、そういうようなことを少し感じられて、そして自分とその人が出会うなかで、少しでもクライエントさんが変わっていくっていうかね、こんな風に人ってなるんだって体験できれば。少しでも、自分自身の成長体験として感じてもらえたらなと思う。大学院生は必死ですよね。必死のなかでこそ、自分の出会う人が、クライエントさんがちょっと違ってくるっていう、それを少しでも実感してくれればありがたいなと思うんです。

リサーチの必要性

飯長　　"中核三条件"が総合的な概念だったり、人間観だったり、世界観だったりってことがベースなんだけど、そういうことがわかったうえで、なおかつ、"中核三条件"の研究をやってほしいんです

よね。臨床の世界って、思想でもあり、文化と科学の狭間にあるから、狭間にいることを承知のうえなんだけど、あまりにも科学としてのリサーチが足りなすぎる。いくらナラティヴベイストっていっても、やっぱり弱いよね。私の科学観が狭くて、ナラティヴに対しての理解が狭いのかも知れないけど。それはエクスキューズしときます。そういう両者がいつまでも対立していていいのかなっとは思うんだけど……。

聴いて学ぶ　中核三条件

ロジャーズの中核三条件
総合文献リスト

各文献末の略記について
C:《一致》巻所収　U:《受容：無条件の積極的関心》巻所収　E:《共感的理解》巻所収
数字は各巻のなかでの章番号（目次に記載）を示す――基礎編はボールド斜体

安部恒久 (2006)『エンカウンターグループ――仲間関係のファシリテーション』九州大学学術出版会. U5

安部恒久 (2010)『グループアプローチ入門』誠信書房. U5

安部恒久 (2011)「メンバー体験の位置づけ」野島一彦監修／高橋紀子編『グループ臨床家を育てる』創元社. U5

Andreasen, N. (2001) *Brave new brain: Conquering mental illness in the era of the genome.* Oxford University Press. U3

Arden, J.B. & Linford, L. (2009) *Brain-based therapy with adults: Evidence-based treatment for everyday practice.* Wiley. U3

Baldwin, M. (1987): Interview with Carl Rogers on the use of the self in therapy. Baldwin, M. & Satir, V. (Eds.) *The use of self in therapy*. Haworth Press, 45-52. U0

Barrett-Lennard, G.T. (1962) Dimensions of therapist response as causal factors in therapeutic change. *Psychological Monographs: General and Applied*, 76(43), 1-36. U0

Barrett-Lennard, G.T. (1981) The empathy cycle: refinement of a nuclear concept. Journal of Counseling Psychology, 28, 91-100. E0

Barrett-Lennard, G.T. (1986): The relationship inventory now: Issues and advances in theory, method and use. Greenberg, L.S. & Pinsof, W.M.(eds.) *The psychotherapeutic process: A researh handbook*. Guilford, 439-476. U0

Bate, Y. (Ed) (2006) *Shouldn't I be feeling better by now? Client views of therapy.* Basingstoke. Palgrave Macmillan. E6

Bebout,J. (1974) It takes one to know one: Existential-Rogerian concepts in encounter groups. In D. Wexler & L.Rice,(Eds) *Innovations in Client Centered Therapy.* Wiley. U6

Beck, J. (1995). *Cognitive therapy: Basics and beyond*. Guilford. 伊藤絵美・神村栄一・藤澤大介訳 (2004)『認知療法実践ガイド・基礎から応用まで――ジュディス・ベッ

クの認知療法テキスト』星和書店. U3

Beebe, B., & Lachmann, F.M. (2002). *Infant research and adult treatment: Co-constructing interactions*. The Analytic Press. 富樫公一·監訳 (2008)『乳児研究と成人の精神分析——共構築され続ける相互交流の理論』誠信書房. U3

Bohart, A.C., Elliott, R., Greenberg, L.S. & Watson, J.C. (2002) Empathy. In J.C. Norcross (Ed.) *Psychotherapy relationships that work: Therapist contributions and responsiveness to patients* (pp. 89-108). Oxford University Press. C6

Bozarth, J.D, (1995) Designated facilitators: Unnecessary and insufficient: A paper presented at the National Conference for the Association of the Developement of the Person Centred Approach. Tampa, Florida. U6

Brodley, B.T. (1998) Congruence and its relation to communication in Client-Centered Therapy. Person-Centered Journal, 5(2), 83-116. C3

Brodly, B.T. (1999) About the nondirective attitude, Person-Centered Practice, 7(2) 79-82. U0

Buber, M. (1970) *I and Thou*. Translated by Kaufman, W. Edinburgh, T&T Clarke. E6

Canfield, J. (2007a) *Becoming human: The development of language, self, and self-consciousness*. Basingstoke: Palgrave. C6

Canfield, J. (2007b) Wittgenstein on fear. In D. Moyal-Sharrock (Ed.), *Perpicuous presentations: Essays on Wittgenstein's philosophy of psychology* (pp.12-27). Palgrave. C6

近田輝行 (2010)「共感的コミュニケーション技能訓練のモデルとしてのインタラクティブ・フォーカシング」東京女子大学心理臨床センター紀要, 創刊号. E1

Colson & Horwitz (1983) Research in group psychotherapy. In H.I. Kaplan & B.J. Sadock (Eds.) *Comprehensive group psychotherapy*. London: Williams and Wilkin. (The authors cite a study by D. Malan at the Tavistock Clinic.). U6

Cooper, M. (2001) Embodied empathy, In S. Haugh & T. Merry (Eds.) *Empathy*, pp.218-219. Ross-On-Wye; PCCS Books. C3, U6

Cooper, M. (2008) *Essential research findings in counselling and psychotherapy: The facts are friendly*. Sage. C6

Cooper, M. & Ikemi, A. (in press) Dialogue: A dialogue between focusing and relational perspectives. *Person-Centered and Experiential Psychotherapies*. U2

Cooper, M., Watson, J.C. & Hoelldampf, D. (Eds.) (2010) *Person-centered and experiential therapies work: A review of the research on counseling, psychotherapy and related practices*. PCCS Books. U3

Cornelius-White, J.H.D. (2007) Congruence: An integrative five-dimension model. PCEP journal. vol.6:4, Winter. E6

Cornell, A.W. (2006)「アン・ワイザー・コーネル　東京ワークショップ」での発言. E4

Cornell, A.W. (2011)「アン・ワイザー・コーネル来日ワークショップ福岡」での発言. E3/E4

Coulson, A. cited in Colin Lago & Macmillan, M (1994) "Moments of facilitation in large groups". Paper presented at the 3rd. International Conference on Client-Centred & Experiential Psychotherapy, Austria. U6

Cozolino, L. (2010) *The neuroscience of psychotherapy: Healing the social brain*. 2nd ed. Norton. U3

土居健郎 (1961)『精神療法と精神分析』金子書房. U1

Freire, E. (2001) Unconditional positive regard: The distinctive feature of Client-centered Therapy. In J.D. Bozarth, P. Wilkins (2001) *Rogers' therapeutic conditions volume 3: Unconditional positive regard.*. Bookcraft. E4

Freud, S. (1914) Erinnern, Wiederholen und Durcharbeiten. In Gesammelte Werk X. S. Fisher Verlag.「想起、反復、徹底操作」小此木啓吾訳 (1970)『フロイト著作集6 自我論・不安本能論』人文書院. C1

Fromm, E. (1956) *The rt of loving*. Harper. E6

藤田直樹 (1999)「共感——不可能な可能性」成田善弘・氏原寛編『共感と解釈——続・臨床の現場から』人文書院. E3

Geller, S.M. & Greenberg, L.S. (2011) *Therapeutic presence: a mindful approach to effective therapy*. Magination Press, APA. E6

Gendlin, E.T. (1961) Subverbal communication and therapist expressivity: Trends in Client-Centered Psychotherapy with schizophrenics. Discussion Papers, Wisconsin Psychiatric Institute, No.17.「言語下でのコミュニケーションと治療者の自己表明性——分裂病者との来談者中心の心理療法におけるすう勢」村瀬孝雄訳 (1981)『体験過程と心理療法』ナツメ社. C5/E5

Gendlin, E.T. (1962) *Experiencing and the creation of meaning*. Northwestern University Press. C3

Gendin, E.T. (1962) *Experiencing and the creation of meaning : A philosophical and psychological approach to the subjective*. Free Press of Glencoe. 筒井健雄訳 (1993)『体験過程と意味の創造』ぶっく東京. C5

Gendlin, E.T. (1964) A theory of personality change. In P. Worchel & D. Byrne (eds.) *Persnality Change*. John Wiley and Sons.「人格変化の一理論」池見陽・村瀬孝雄訳 (1999)『セラピープロセスの小さな一歩』金剛出版. C4/E3

Gendlin, E.T. (1968) The experiential response. In E.F. Hammer (ed.) *Use of*

Gendlin, E.T. (1978) *Focusing. everest house.* 村山正治・都留春夫・村瀬孝雄訳 (1982)『フォーカシング』福村出版. C4

Gendlin, E.T (1984) The client's client: The edge of awareness. In R. Levant & J.M. Shlien (Eds.) *Client-Centered Therapy and Person-Centered Approach.* Praeger. E3/E5

Gendlin, E.T. (1996) *Focusing-Oriented Psychotherapy: A manual of experiential method.* The Guilford Press. 村瀬孝雄・池見陽・日笠摩子監訳／日笠摩子・田村隆一・・村里忠之・伊藤義美訳『フォーカシング指向心理療法』上・下, 金剛出版. C4/E3

Gendlin, E.T. (1997) *A process model.* The Focusing Institute. C4

Gendlin, E. (1990) The small steps of the therapy process: How they come and how to help them come. In G. Lietaer, J. Rombauts & R. Van Balen (Eds.) *Client-centered and experiential psychotherapy in the nineties.* Leuven University Press. ジェンドリン・池見陽 (1999)『セラピープロセスの小さな一歩』金剛出版. U2

Grafanaki, S., Brennan, M., Holmes, S., Tang, K. & Alvarez, S. (2007) In search of flow in counseling and psychotherapy: Identifying the necessary ingredients of peak moments of therapy interaction. PCEP Journal. Volume 6: 4. Winter 2007. E6

Grant, B. (1990) Principled and instrumental Non-Directiveness in Person-Centred and Client-Centred Therapy. Person-Centered Review, 5(1) 77-88. U0

Grawe, K. (2007) *Neuropsychiatry: How the neurosciences inform effective psychotherapy.* Psychology Press. (German original, 2004). U3

羽間京子 (2002)「治療的Splittingについて」心理臨床学研究, 20(3), 209-220. C0

羽間京子 (2004)「治療者の純粋性について――非行臨床から得られた知見」村瀬孝雄・村瀬嘉代子編『ロジャーズ――クライエント中心療法の現在』日本評論社. C1

羽間京子 (2009)『少年非行――保護観察官の処遇現場から』批評社. C1

Haugh, S. (1998) Congruence: A confusion of language, Person-Centred Practice, 6(1), 44-50. C3

Haugh, S. (2001) A historical review of the development of the concept of congruence in Person-Centred Theory, In G. Wyatt (Ed.) *Congruence.* PCCS Books. C3

Haugh, S. (2001) The difficulties in the conceptualisation of congruence: A way forward with complexity theory?. In G. Wyatt (Ed.) *Congruence.* PCCS Books. C3

Hebb, D.O. (1949). *The organization of behavior: A neuropsychological theory.* Wiley. 鹿取廣人・金城辰夫・鈴木光太郎・鳥居修晃・渡邊正孝訳 (2011)『行動の機構――脳メカニズムから心理学へ』(上) 岩波書店. U3

Hendricks, M.H. (2001) An experiential version of unconditional positive regard. J.D.

Bozarth & P. Wilkins (Eds) *Unconditional positive regard*. PCCS Books. C3

Hesse, H. (1972) *The glass bead game.* Holt, Rinehart & Winston. U6

広瀬寛子 (2011)『悲嘆とグリーフケア』医学書院. C0

Heyward, C. (1989) Touching our strength: *the erotic as power and the love of god.* Harper & Row. E6

Heyward, C. (1999) *When boundaries betray us.* The Pilgrim Press. E6

Hofstede, G. (1980) *Culture's consequences: International differences in work related values.* Sage. U6

保坂 亨 (1988)「クライエント中心療法の再検討」心理臨床学研究, 6(1), 42-51. U0

Hyde, L. (1983) The gift. *How the creative spirit transforms the world.* (2007) Cannongate Books. E6

Ikemi, A. (2005) Carl Rogers and Eugene Gendlin on the bodily felt sense: What they share and where they differ, Person, Person-Centered and Experiential Psychotherapies, 4 (1): 31-42. U2

池見 陽 (2010)『僕のフォーカシング＝カウンセリング——ひとときの生を言い表す』創元社. U2

JIP日本心理療法研究所 (2002)『アメリカ心理学会心理療法ビデオシリーズ 心理療法システム編 シリーズ第5巻 クライエント中心療法』. E4

Jordan, J., Walker, M., Hartling, L. (2004) *The complexity of connection. writings from the stone center's Jean Baker Miller training institute.* The Guilford Press. E6

Joseph, S. (2004) Client-centred therapy, post-traumatic stress disorder and post-traumatic growth: Theoretical perspectives and practical implications. Psychology and Psychotherapy, 77, 101-109. U3

鎌田陽子 (1994)「Active Listeningにおける新しい関係認知目録の作成の試み」岡山大学教育学部卒業論文. U0

河合隼雄 (1986)『心理療法論考』新曜社. C0

King, M.L. (1963) *Strength to love.* Fortress Press. E6

吉良安之 (2003)「対人援助職を援助する——セラピスト・フォーカシング」村山正治編 『ロジャーズ学派の現在』現代のエスプリ別冊, 至文堂. E3

Kirschenbaum, H. (1979) *On becoming Carl Rogers.* Delacorte. C0/C6

H. カーシェンバウム, V.L. ヘンダーソン編 (1989)『ロジャーズ選集』(上) 伊藤博・村山正治監訳 (2001) 誠信書房. C2

H. カーシェンバウム, V.L. ヘンダーソン編／伊藤博・村山正治監訳 (2001)『ロジャーズ選集』(上下) The Carl Rogers Reader. 誠信書房. U4

Klein, J. (2001) *Interactive focusing therapy: Healing relationships.* 諸富祥彦監訳／前田満

寿美訳 (2005)『インタラクティヴ・フォーカシング・セラピー』誠信書房. C4/E1

Klein, M.H., Mathieu-Coughlan, P. & Kiesler, D.J. (1986) The experience scales. In L. Greenberg & W. Pinsof (Eds.) *Psychotherapeutic process.* Guilford Press. C3

近藤邦夫 (1977)「受容と自己一致」佐治守夫・水島恵一編『心理療法の基礎知識』有斐閣. C0

越川房子監修 (2007)『ココロが軽くなるエクササイズ』東京書籍. U3

久能徹・末武康弘・保坂亨・諸富祥彦 (1997)『改訂ロジャーズを読む』岩崎学術出版社. C0

Lago, C & MacMillan, M. (Eds) (1999) *Experiences in relatedness: Group work and the Person Centred Approach.* PCCS Books. U6

LeDoux, J. (2002). *Synaptic self: How our brains become who we are.* Penguin Books. U3

Lewis, T., Amini, F., & Lannon, R. (2001) *A general theory of love.* Vintage Books. E6

Lietaer, G. (1984) Unconditional positive regard: a controversial basic attitude in Client-centered Therapy. R.F. Levant & J.M. Shlien (Eds) *Client-Centered Therapy and the Person-Centred Approach: New direction in theory, research and practice.* Praeger. C3

Lietaer, G. (1993) Authenticity, congruence and transparency. In D. Brazier (Ed.), *Beyond Carl Rogers.* Constable. C3/C6

Loevinger, J. & Wessler, R. (1970) *Measuring ego development I.* Jossey-Bass. U1

Lux, M. (2010). The magic of encounter: The person-centered approach and the neurosciences. Person-Centered and Experiential Psychotherapies, 9, 274-289. U3

Mann, E (2011) Does the first relationship support Carl Rogers' theory of interpersonal relationship? Unpublished Masters Degree Thesis. Temenos/ Middlesex University. U6

増井武士 (1994)『治療関係における「間」の活用』星和書店. C0/C2

Mearns, D. (1994) *Developing Person-Centred Counselling.* Sage Publications. 岡村達也・林幸子・上嶋陽一・山科聖加留訳 (2000)『パーソンセンタード・カウンセリングの実際』コスモス・ライブラリー C3/U4/E0/E4

Mearns, D. (1997) *Person-centred counselling training.* Sage. U-post

Mearns, D. & Cooper, M. (2005) *Working at relational depth in counselling and psychotherapy.* Sage. U-post/E6

Means, D. & Thorne, B. (1998) *Person-Centred Counselling in action.* Sage Publications. 伊藤義美訳 (2000)『パーソンセンタード・カウンセリング』ナカニシヤ出版. U0/E0/E4/E5

Mearns, D. & Thorne, B. (2000) *Person-centred therapy today: new frontiers in theory and practice.* Sage. E6

Merry (1999) *Learning and being in Person-Centred Counselling*. PCCS Books. U0

Merry (2004) Classical Client-Centred Therapy. P. Sanders (Ed.) The tribes of the Person-Centred nation: An intoroduction to the schools of therapy related to the person-centred approach. PCCS Books. 近田輝行・三國牧子監訳 (2007)『古典的クライエントセンタード・セラピー──パーソンセンタード・アプローチの最前線：PCA諸派のめざすもの』コスモス・ライブラリー. U0

Moyal-Sharrock, D. (2000) Words as deeds: Wittgenstein's 'spontaneous utterances' and the dissolution of the explanatory gap. Philosophical Psychology, 13(3), 355-372. C6

村瀬孝雄 (2004)「フォーカシングから見た来談者中心療法」村瀬孝雄・村瀬嘉代子編『ロジャーズ　クライエント中心療法の現在』日本評論社. U-post

村山尚子 (2008)「九州A町3園の実際」滝口俊子・東山弘子編『家族心理臨床の実際──保育カウンセリングを中心に』ゆまに書房. U4

村山尚子 (2008)「サポートグループ──二つのグループケース」伊藤義美編『ヒューマニスティック・サイコセラピー 1』ナカニシヤ出版. U4

村山尚子 (2010)「福岡人間関係のコミュニティ──エンカウンターグループと日常的つながりの意味について」エンカウンター通信400号, 福岡人間関係研究会. U4

村山正治 (1993)『エンカウンターグループとコミュニティ』ナカニシヤ出版. U4

村山正治編 (2003)「要約──実証の研究によって支持された治療関係」: 第29部門特別委員会の報告要旨─ Empirically Supported Therapy Relationships: Summary Report of the Division 29 Task Force」. 東亜大学大学院総合学術研究科臨床心理学専攻紀要, 2(1), 109-133. U0

中田行重(1986)「フェルトセンス形成における Handle-Giving」九州大学教育学部紀要 (教育心理学部門), 31(1), 65-72. C3

中田行重(1999)「研修型エンカウンター・グループにおけるファシリテーション──逸楽行動への対応を中心として」人間性心理学研究, 17, 30-44. C3

中田行重(2005)『問題意識性を目標とするファシリテーション』関西大学出版部. C3

野島一彦(2000)『エンカウンターグループのファシリテーション』ナカニシヤ出版. C3

野島一彦 (2013) 「大学院におけるエンカウンター・グループ・ファシリテーター養成プログラム」、跡見学園女子大学学部紀要, 1, 43-50. E2

野島一彦・下田節夫・髙良聖・髙橋紀子 (2014)「グループの『構成』と『構造』──エンカウンターグループとサイコドラマの対話」跡見学園女子大学附属心理教育相談所紀要, 10, 27-37. E2

Norcross, J.C. (Ed.) (2011) *Psychotherapy relationships that work Evidence-based responsiveness* (2nd edition). Oxford University Press. U0/U3

岡村達也 (2000): カウンセリングのエチュード, 遠見書房

岡村達也 (2007)『カウンセリングの条件――クライアント中心療法の立場から』日本評論社. C0

岡村達也 (2010)「『理解すること』から『いま－ここに－いること』としての『反射』へ」岡村達也・小林孝雄・菅村玄二 (2010)『カウンセリングのエチュード――反射・共感・構成主義』遠見書房. U0/E0

大石英史 (1993)「境界例治療において治療者に要請されるもの――その内的・感覚的要件」下関市立大学論集, 第36巻第3号, 123-167. C2

大石英史 (2001)「実践の観点からみたクライエント中心療法――その課題と治療的工夫」山口大学教育学部研究論叢, 第51巻第3部, 51-65. C2

大石英史 (2002)「ロジャーズ『自己一致』再考――私にとってのクライエント中心療法」村山正治・藤中隆久編『クライエント中心療法と体験過程療法――私と実践との対話』ナカニシヤ出版. C0

大野 裕 (2010)『認知療法・認知行動療法――治療者用マニュアル』星和書店. U3

Perls, F., Hefferline, R.F. & Goodman, P. (1951) *Gestalt therapy: Excitement and growth in the human personality.* Souvenir Press. U3

Purton, C. (2004) Person-Centered Therapy: The focusing-oriented approach. Palgrave Macmillian. 日笠摩子訳 (2006)『パーソン・センタード・セラピー――フォーカシング指向の観点から』金剛出版. C4

Raskin, N.J. (1974) *Studies of psychotherapeutic orientation: Ideology and practice.* American Academy of Psychotherapists. E3

Rifkin, J. (2010) *The empathic civilisation: the race to global consciousness in a world in crisis.* Polity Press. E6

Rifkin, J. http://www.ted.com/talks/jeremy_rifkin_on_the_empathic_civilization.html E6

Rogers, C.R. (1939) *The Clinical treatment of the problem child.* Houghton Mifflin. 堀淑昭編／小野修訳 (1966)『問題児の治療』(ロージャズ全集第1巻) 岩崎学術出版社. C0/U0

Rogers, C.R. (1942) *Counseling and psychotherapy: Newer concepts in practice.* Houghton-Mifflin. U3

Rogers, C.R. (1942) Counseling and psychotherapy. Houghton Mifflin. 末武康弘・保坂 亨・諸富祥彦訳 (2005)『カウンセリングと心理療法』(ロジャーズ主要著作集第1巻) 岩崎学術出版社. C0/U0

Rogers, C.R. (1951) Client-Centered Therapy. Houghton Mifflin. 保坂 亨・諸富 祥彦・

末武康弘訳 (2005)『クライアント中心療法』(ロジャーズ主要著作集第2巻) 岩崎学術出版社. *C0*/C3*U0*/U3/E6

Rogers, C.R. (1957) The necessary and sufficient conditions of therapeutic personality change. Journal of consulting Psychology, 21, 95-103. Rogers, C.R. (1957) The necessary and sufficient conditions of therapeutic personality change. In H. Kirschenbaum & V.L. Henderson (Eds.) (1989) *The Carl Rogers Reader.* Constable.

伊東 博訳 (1966)「パースナリティ変化の必要にして十分な条件」伊東博編訳『サイコセラピィの過程』(ロージャズ全集第4巻) 岩崎学術出版社, pp.117-140. 伊東博訳 (2001)「セラピーによるパーソナリティ変化の必要にして十分な条件」伊東博・村山正治監訳『ロジャーズ選集（上）――カウンセラーなら一度は読んでおきたい厳選33論文』誠信書房. *C0*/C3/C5/C6/*U0*/U2/U3/*E0*/E3/E4/E5

Rogers, C.R. (1959) A theory of therapy, personality, and interpersonal relationships as developed in the client-centered framework. In S. Koch (Ed) *Psychology: a study of science: vol.3 formulation of the person and the social context.* McGraw Hill, pp. 184-256. E6

Rogers, C.R. (1962) The interpersonal relationship: the core of guidance. In C.R. Rogers & B. Stevens *Person to person: the problem of being human.* Real People Press, pp. 89-104. E6

Rogers, C.R. (1958) The characteristics of a helping relationship. In C.R. Rogers (1961) *On becoming a person.* Constable. 「援助関係の特徴」諸富祥彦ほか訳 (2005)『ロジャーズが語る自己実現の道』岩崎学術出版社. *C0*

Rogers, C.R. (1959) A theory of therapy: Personality and interpersonal relationships as developed in the Client-Centered framework. In S. Koch (Ed.) *Psychology: A study of a science, 3. Formulations of the person and the social context.* McGraw Hill. 伊東 博編訳 (1966)「クライエント中心療法の立場から発展したセラピィ、パースナリティおよび対人関係の理論」『パースナリティ理論』(ロージャズ全集第8巻) 岩崎学術出版社, 大石英史訳 (2001)「クライエント・センタードの枠組みから発展したセラピー、パーソナリティ、人間関係の理論.」伊東 博・村山正治監訳『ロジャーズ選集（上）――カウンセラーなら一度は読んでおきたい厳選33論文』誠信書房. C3/*U0*/U6

Rogers, C.R. (1961) This is me. In H. Kirschenbaum & V.L. Henderson (Eds.) 1989 *The Carl Rogers Reader.* Constable. 村山正治訳 (2001)『私を語る』伊東博・村山正治監訳『ロジャーズ選集』(上) 誠信書房. *C0*

Rogers, C.R. (1961) *On becoming a person.* 諸富祥彦・保坂亨・末武康弘訳 (2005)『自己実現への道』岩崎学術出版社. Toward a theory of creativity. In *On becoming a person*. Houghton Miffin. 東山弘子訳（1967）「"創造性"の理論をめざして」畠瀬稔編『ロージアス全集第6巻 人間関係論』. C3/E4

Rogers, C.R. (1962) The interpersonal relationship : the core of guidance. Harvard Educ. Rev.,32(4),416-429. 畠瀬直子（1967）「対人関係――ガイダンスの核心」畠瀬稔編『ロージアス全集第6巻 人間関係論』. E4

Rogers, C.R. (1963) *The concept of the fully functioning person, psychotherapy: Theory, research and practice*, 1. 村山正治ほか訳（1967）『人間論』岩崎学術出版社. C3

Rogers, C.R. (1965) The therapeutic relationship : recent theory and research. Australian Journal of Psychology, 17, 95-108. 畠瀬稔訳（1967）「サイコセラピイについての基本的認識」『ロージアス全集第6巻 人間関係論』. E4

Rogers, C.R. (1966) Client-Centered Therapy. In S. Arieti (Ed.) *American handbook of psychiatry*, vol.III, Basic Books. 伊東博編訳（1972）「クライエント中心療法」『クライエント中心療法の最近の発展』(ロージャズ全集第15巻) 岩崎学術出版社. C3/U0

ロージャズ, C.R. (1966)『サイコセラピィ』(ロージャズ全集3巻) 岩崎学術出版社. U1

Rogers, C.R. (Ed.) (1967) *The therapeutic relationship and its impact: A study of psychotherapy with schizophrenics*. the University of Wisconsin Press. 友田不二男編・手塚郁恵訳（1972）『サイコセラピィの研究――分裂病へのアプローチ』(ロージャス全集第19巻) 岩崎学術出版社, 古屋健治編／小川捷之・中野良顕ほか訳（1972）『サイコセラピィの成果――分裂病へのアプローチ』(ロージャズ全集第20巻) 岩崎学術出版社, 伊東博編訳（1972）『サイコセラピィの実践――分裂病へのアプローチ』(ロージャズ全集第21巻) 岩崎学術出版社. U0

ロージャズ, C.R. (1967)『クライエント中心療法の初期の発展』(ロージャズ全集14巻) 岩崎学術出版社. U1

Rogers, C.R. (1970) *Carl Rogers on encounter groups*. Harper and Row. U6

Rogers, C.R. (1971) Carl Rogers describes his way of facilitating encounter groups. American Journal of Nursing. Vol. 71, No. 2, Feb. pp.275-279. U6

Rogers, C.R. (1972) *Carl Rogers on facilitating a group*. (A film available from the American Counseling Association.) http://schmid.members.1012.at/bibliocrr. htm.#films (Reference checked on 7th December 2011). U6

Rogers, C.R. (1975) Empathic: an unappreciated way of being. The Counseling Psychologist. 5 (2), 2-11. E4

Rogers, C.R. (1977) *Carl Rogers on personal power: Inner strength and its revolutionary impact*. Delacorte Press. U6

Rogers, C.R. (1979) The foundation of a person-centered approach. In C.R. Rogers (1980) *A way of being*. Houghton Mifflin. 畠瀬直子監訳 (1984)「共感——実存を外側から眺めない係わり方」『人間尊重の心理学』創元社. C0/U2/U5/U6/E3/E6

Rogers, C.R. (1980) *Empathic understanding: an unappreciated way of being*. 畠瀬直子訳 (1984)「共感」畠瀬直子監訳『人間尊重の心理学』創元社. E3/E5

Rogers, C.R. (1986) A Client-centered / Person-centered approach to therapy, in H. Kirschenbaum & V.L. Henderson (Eds.) (1989) *The Carl Rogers Reader*, Mariner Books. 中田行重訳 (2001)「クライエント・センタード／パーソン・センタード・アプローチ」伊東博・村山正治監訳『ロジャーズ選集』(上) 誠信書房. C0/C5/E6

Rogers, C.R. (1986) Carl Rogers on the development of the Person-Centered Approach. In D. Cain (ed.) (2002) *Classics in the Person-Centered Approach*. Ross-on-Wye: PCCS Books. U6

Rogers, C.R. (1986) Reflection of feelings and transference. Person-Centered Review, 1(4) 1986, and 2(2) 1987, Reprinted by permission of Sage Publications, Inc.「気持ちのリフレクション（反映）と転移」伊藤博・村山正治監訳『ロジャーズ選集』(上) 誠信書房. E2

Rogers, C.R. 畠瀬稔監訳 (2007)『ロジャーズのカウンセリング（個人セラピー）の実際』コスモス・ライブラリー. C0

Rogers, C.R. & Truax, C.B. (1967) The therapeutic condition antecedent to change : A theoretical view. In C.R. Rogers, E.T. Gendlin, D.J. Kiesler & C.B. Truax (eds.) (1967) *The therapeutic relationship and its impact : A study of psychotherapy with schizophrenics*. University of Wisconsin Press. 手塚郁恵訳 (1972)「変化に先だつセラピィ的な諸条件——あるひとつの理論的な見解」友田不二夫編訳 (1972)『サイコセラピィの研究』(全集第19巻). C0/C5

Roller, B. & Nelson, V. (1991) *The art of co-therapy: how therapists work together*. Guildford Press. U6

佐治守夫・岡村達也・保坂亨 (1996/2007)『カウンセリングを学ぶ——理論・体験・実習』東京大学出版会. C0/C1/U0

坂中正義 (2001)「ベーシック・エンカウンター・グループにおけるC.R.Rogersの3条件の測定——関係認知の視点から」心理臨床学研究, 19(5), 466-476. U5

坂中正義 (2002)「私とクライエント中心療法、もしくはパーソン・センタード・アプローチ——理論と体験の相互作用から」村山正治・藤中隆久編『クライエント中心療法と体験過程療法——私と実践との対話』ナカニシヤ出版. C0/U0

坂中正義 (2011a)「ベーシック・エンカウンター・グループにおけるC.R.Rogersの中核3条件の検討——関係認知の視点から」九州大学博士論文. U0

坂中正義 (2011b)「C.R.Rogersの中核3条件関係認知スケールの作成――最小限の項目での測定の試み」日本心理臨床学会第30回大会論文集, 347. U0

坂中正義 (2012)『ベーシック・エンカウンター・グループにおけるロジャーズの中核三条件の検討――関係認知の視点から』風間書房. U0

坂中正義 (2014)「クライエント中心療法におけるロジャーズの中核三条件」『人間性心理学研究』32(1), 5-11. U0

坂中正義 (2015a)「日本におけるパーソンセンタード・アプローチに関する文献リスト (2014) 南山大学人間関係研究センター紀要「人間関係研究」, 14, 241-274. U0

坂中正義 (2015b)「日本におけるパーソンセンタード・アプローチの発展――文献史を中心に」南山大学紀要『アカデミア』人文・自然科学編, 9, 167-176. U0

Sanders, P. (Ed.) (2004) *The tribes of the Person-Centred Nation: An intoroduction to the schools of therapy related to the person-centred approach.* PCCS Books. 近田輝行・三國牧子監訳 (2007)『パーソンセンタード・アプローチの最前線―PCA―諸派のめざすもの―』コスモス・ライブラリー. U0

Sanford, R. (1999) A brief history of my experience in the Person Centred Approach. In C. Lago & M. MacMillan (Eds) *Experiences in relatedness: Group work and the Person Centred Approach.* PCCS Books. U6

佐々木正宏 (2005)『クライエント中心のカウンセリング』駿河台出版社. C0

Schmid, P.F. (2001a) Authenticity: the person as his or her own author. dialogical and ethical perspectives on therapy as an encounter relationship. and beyond. In G. Wyatt, *Rogers' therapeutic conditions: evolution, theory and practice.* vol.1. Ross-on-Wye: PCCS Books. E6

Schmid, P.F. (2002b) Presence: im-media-te co-experiencing and co-responding. phenomenological, dialogical and ethical perspectives on contact and perception in person-centred therapy and beyond. In Wyatt, G & Sanders, P. (Eds) (2002) *Rogers' therapeutic conditions: evolution, theory and practice.* vol.4: contact and perception. Ross-on-Wye: PCCS Books. E6

Shostrom, E.L. (Ed.) (1965) *Three approaches to psychotherapy.* Psychological Films. U3

田畑 治 (1978)『心理治療関係による人格適応過程の研究』風間書房. U-post

田畑 治 (1988)「クライエント中心のカウンセリング」『現代のエスプリ252 カウンセリングの理論』至文堂. U0

Thorne, B. (2012) *Counselling and spiritual accompaniment: bridging faith and person-centred therapy.* Wiley-Blackwell. E6

Tillich, P. (2000 / originally1952) *The courage to be. second edition.* Yale University Press. E6

Tolan, J. (2003) *Skills in Person-Centred Counselling and Psychotherapy*, Sage. E0

Truax, C.B. & Carkhuff, R.R. (1967) *Toward effective counseling and psychotherapy: Training and practice*. 西園寺二郎訳 (1973)『有効なカウンセリング——その実施と訓練』(上). 岩崎学術出版社. U0/E0

Tuder, K. & Merry, T. (2002) *Dictionary of Person-Centred psycology*. Whurr publishers. 岡村達也監訳 (2008)『ロジャーズ辞典』金剛出版. U0

Tudor, K. (1999) *Group Counselling*. Sage. U6

Tudor, L.E., Keemar, K. Tudor, K., Valentine, J. & Worrall, M. (2004) *The Person-Centred Approach: A contemporary introduction*. Palgrave MacMillan. U6

Tutu, D. (2004) *God has a dream: a vision of hope for our time*. Rider. E6

内田桂子・村山正治・増井武士 (1978)「カウンセリングにおける関係認知の分析」九州大学教育学部心理教育相談室紀要, 4, 80-106. U0

氏原 寛 (2002)『カウンセラーは何をするのか』創元社. C2

Warner, M. (2011) Working with Difficult Client Experience.「難しいクライアントとのセラピー」日本心理臨床学会年次大会特別講演. E0

Wibberley, M. (1988) Encounter. In J. Rowan & W. Dryden (Eds) *Innovative therapy in Britain*. Open University Press. U6

Winnicott, D.W. (1965) *The maturational processes and the facilitating environment: Studies in the theory of emotional development*. Hogarth Press, International Universities Press. C1/U3

Wittgenstein, L. (1982) *Last Writings on the Philosophy of Psychology*. vol.1. Blackwell. C6

Wittgenstein, L. (1997) *Philosophical investigations* (2nd ed.). Blackwell. C6

Wood, J.K. (2008) *Carl Rogers' Person Centered Approach: Towards an understanding of its implications*. PCCS Books. U6, post

Wyatt, J. (ed.) (2001) *Congruence*. PCCS Books. C4

索引

- Cは《一致》巻での、Uは《受容：無条件の積極的関心》巻での、Eは《共感的理解》巻での言及であることを示す。
- ローマ数字ノンブルは「まえがき」での言及であることを、ボールド・イタリックは「基礎編」での言及であることを示す。
- アンダーラインは、見出に含まれた語であり、その範囲内に頻出することを示す。

[ア行]

愛（愛おしみ , 情愛 , 慈愛） C*11*, 22-23, 94. U*6*, 24, 27, 93.

愛情 U27, 65, 86-98.

アイデンティティ U105. E89, 91.

アタッチメント U48.

アート（〜セラピー） U55. E99.

甘え U25, 26.

安心（〜感） C71, 77, 96. U11, 52, 56-57, 59, 62, 64, 70, 90. E4, 24, 26, 28, 35, 46, 49, 52, 54, 66, 73, 90, 99, 107.

安全（〜感、〜な緊急事態） iii, iv. C52, 63. U11, 15-16, 45-46, 48-49, 52-54, 56, 64, 70, 90, 93, 97. E29, 35, 41, 59, 99, 108.

意思 C38, 73. E10.

意志 U45, 95.

意識（〜化 , 変性〜 , 無〜） ii. C*4*, 35, 41-42, 45-46, 51, 57, 79, 81, 91. U*12*, 15, 30, 45-47, 50, 54, 60, 70, 94, 97, 108-109. E*6*, 17, 34, 36-37, 46, 79, 83, 106, 109-110.

　変性〜 C72-73.

　無〜 C*4*, 31, 58, 79, 92. U54, 94. E*17*.

医師 - 患者関係 C*9*.

依存 C29. U25-27. E89, 91, 95-96.

　性〜 U104-106.

　相互〜 E89-90, 95, 98.

　薬物〜 U80.

いたわり U33, 37-38, 40, 90.

一致 ［他巻での言及］ U5-6, *14*, *17*, *19-20*, 30, 33, 36, 41, 47, 51, 54, 67, 69, 71-72, 74, 76, 82-84, 91, 93, 101-102, 104-106. E*5*, *13*, 17-19, 29, 40, 69, 87, 92-93, 98, 102, 106-107, 109-111.

　不〜 U*6*, *14*, *16*, *20*, 47, 54, 74-76, 95. E93.

異文化 U79-80.

今ここ C*16*, 36, 38, 40, 42, 52, 57, 60. U*13-14*, *17*, 65. E29, 88, 90-91, 93.

ウィスコンシン・プロジェクト C*11*, 37, 68. U*12-13*, *18*.

うなづき U*10*.

エンカウンター vi. C*13*, 44, 100. U*16*, *19*, 63-65, 69, 78-96, 109-110, 116. E*4*, *7*, *20*, 24-25, 29, 35, 41, 107, 110-111, 112.

　ベーシック〜 U*19*.

援助（〜関係，〜的） C9-11, *12, 14-15,
　　19-22, 36, 38-40, 42-43, 55, 60, 64,
　　72, 84, 103. U50, 54, 63, 67, 70, 82,
　　104-105, 116.
　〜者（被〜），〜職　I, v, vi. U*4, 19*.
親子　C*9*, 40. U33.

[カ行]
解釈　C39, 64, 80, 93. U*10, 17*, 22, 26, 51,
　　54, 79, 90. E*11*, 79, 99.
外傷　U50, 53.
カウンセラー，カウンセリング　頻出
　「カウンセリングと心理療法」 U*10*.
科学　C99. U34, 85, 111, 114, 116. E87.
　神経〜　C44-55. E23, 91.
学習　C103. U*19*, 25, 44, 48-50, 61-62, 97.
　　E22, 37, 108-109.
家族　C29, 32, 96. U56, 58, 61, 67, 81,
　　110, 112. E51, 63, 71-72, 87.
課題　C30-31, 37, 55, 104. U*9*, 70, 72, 75,
　　95-96, 104, 117. E27, 36, 46, 72, 77.
語り　C*10*, 25-26. E53, 55, 67.
価値　U*6-7, 11, 15*, 39, 83, 87-88, 92, 94,
　　96, 101, E36, 87-88, 90, 94-95.
　〜観，〜判断　iii. C*6, 18*, 98. U22,
　　78-79, 106. E*17-18*, 32, 34.
　〜の条件　U*15*, 39.
学校　C54. U43, 58-59. E46, 62, 72, 78.
　小学校　U43.
葛藤　C*11*, 17-19, 26, 27-28, 36, 40, 42,
　　49, 67, 72. U49, 61, 67, 79-80, 93.
　　E40, 46, 49-51, 55, 90.
過程　頻出
家庭　C95. U56, 61. E*14*.
　〜裁判所　C26-27.
悲しみ　C67. U54, 67, 105. E23.

可能性　C*13, 20*, 28-29, 37, 39, 58, 72,
　　92. U*19*, 43, 57, 79, 81, 86, 89, 93-95,
　　109. E*9, 18*, 34, 39, 54-56, 77, 92-93.
感覚　頻出
環境　C41, 59, 95. U33-34, 44-50, 54, 57,
　　61, 66, 109. E90, 93, 95, 99.
関係性　vi. C39, 52, 60, U43, 116. E33,
　　40, 55, 70, 86, 94, 96.
　関係認知目録　U*19*.
　関係の側面　U33-34.
看護　vi. C88. U38.
観察　C27, 41, 82. U93. E29, 33-35, 36,
　　39, 99.
感受性　C*20*, 63. E*16*.
感情　頻出
　〜移入　C94. E22, 23, 94.
　〜の反射　C*11-12*. U*10*.
　〜の明確化　U*10*, 52.
完全主義　U27.
感動　U105.
関与　C*11*, 26-27, 42. U57, 61, 68, 78.
緩和ケア　U67.
危機　C32.
企業　C9. U*97*. E69-70.
気づき　頻出
希望　C28, 30. U43, 65. E35, 93-94.
技法　C*23*, 40-41, 50, 52, 59, 62, 67, 93.
　　U*4, 6-7, 10-11, 17-18*, 50-51, 53,
　　65, 74, 76, 101.
逆説　U87, 95. E65.
虐待　U62. E94.
逆転移　→転移
客観性　C*7*. U*10*.
教育　vi. C90. U*12*, 31, 79, 81, 87-88, 102,
　　111-112, 117. E37, 70, 92, 99,
　　109-111.

～分析　C60.

共感　頻出

共感的調律　U46.

共感的理解［他巻での言及］　頻出

共存　U68-71, 72-73, 76.

教師　C9, 54. U112. E70.

恐怖　C22, 93. U5, 54, 58, 67, 105. E12, 51-53.

キリスト教　E88, 90.

緊張　C4, 17, 81, 84. U54, 59, 64, 74, 92, 105. E35, 43, 47, 48, 50, 54, 75, 80, 93, 94, 95, 97.

クライエント　頻出

クライエント中心　C35-43, 44, 68. U11, 18, 23, 26, 31, 33, 41, 46-47, 47-49, 50-51, 51-52, 53-54, 73, 100, 102-103, 115-116. E67, 102.

「クライエント中心療法」　U11.

グループ　頻出

～アプローチ　U68-76.

～過程　U68-71, 72, 76.

～構造　U68-70, 76.

～不一致　U71, 74-76, 95.

グロリア　C101. U54.

訓練　C55, 62-64, 76. U103, 117. E11, 13, 26-28, 30, 88, 109-110.

傾聴　C60-63, 73, 87. U19, 90. E20, 27, 31, 32-33, 36, 39-40, 43, 51, 55, 69, 104.

ゲシュタルト　U16, 54.

ケース　C33, 100, 103. E31, 33, 36, 80, 82, 108.

顕在システム　U47, 54.

行為　C12, 37, 40, 67, 73, 82. U74, 102. 31-39, 90.

合意　U117.

交感神経／副交感神経　U52.

攻撃　C38, 51, 57, 91. U37-38, 71, 75, 80, 91. E38.

構成　C50. U45-46, 49. E39, 103.

構造　C6, 52. U11, 46, 54, 68-70, 76. E39, 102, 110.

肯定　頻出

行動主義　U87.

交流分析　U101.

心地よさ　C71.

個人　頻出

～過程　U68, 71-76.

～主義　U78.

子ども　C7, 24, 26, 28, 54, 82. U10, 24, 28, 43, 61-63, 85. E7, 40, 58, 60, 75.

コミュニティ　U56, 65, 80, 88.

コンテイニング　U102.

催眠療法　U102.

[サ行]

サポート　U62, 70, 113. E38-39. E58.

死　C18, 88. U13, 58, 67, 111. E51, 74, 88, 91, 96-97.

ジェニュインネス　→純粋性

ジェンドリン　C38, 57-61, 63, 68-69. U32, 34-35. E7, 24, 29, 78-79.

自我　U47. E50, 55, 72, 96.

時間　頻出

自己　頻出

～探求　C37, U68, 71, 72, 74, 76. E57.

～不在感　U74.

自己一致　→一致

自己開示　C39, 88. U70, 72, 108. E27, 89.

自己表明（性）　C7, 10, 12, 16-17, 37-41, 66-68, 73.

自殺　C18.

CCT →クライエント中心

指示的 E102-103.

自然科学的 U34.

実現傾向 U17-18, 29, 51, 82, 90, 104-105.

実証 C78, U18.

実存 C50, 53, 59, 63.

自伝的記憶 U49, 54.

指導 U102. E27, 29.

シナプス U44, 53.

嗜癖 U104-105.

社会 頻出

～的相互作用 U48

自由 C4, 7, 15, 27, 35-36, 45, 79-80, 84, 93. U11, 24, 26, 57, 62, 64-66, 102. E59, 96, 99.

宗教 U103, E88.

終結 C24, E71, 75.

集団 C9, 24. U12, 61, 74, 78, 85, 102, 106, 113. E78, 79-81.

～主義 U78.

主観的 U17, E17, 24.

主体性 C37, U70, 73-74.

守秘 E33.

受容［他巻での言及］ iv. C7, 9, 17-19, 24, 26, 29-30, 36-37, 40, 44, 51, 54, 59-60, 62, 64-65, 67, 71-72, 76-79, 85, 88, 99. E12, 17-19, 24, 40, 51, 59, 69, 87, 88, 93-94, 99, 106, 109-110.

純粋性 C11, 16, 26, 30, 35, 46, 55-56, 65, 78, U15-16, 116.

障害 C40, 84, 91. U44, 50. E102.

条件つきの U12, 16, 27, 39.

照合枠 ii. C47-48, 49-52. U6, 47, 83. E5-7, 24.

上司 C9, 95. U97.

症状 U45. E50, 51, 54-55, 103-104.

情動 C7. U45-50, 53-55.

職業 U100, 105. E35, 69.

職場 C9, 71. U97. E15, 75.

人格→パーソナリティも iv. C5, 9, 66, 92. U6, 7, 14, 20, 32, 33, 35, 39, 51, 111. E5, 13, 54, 56, 77, 81.

～理論 U20, 39.

神経科学 U44-55. E23, 91.

神経症 C11, 41-43.

神経ネットワーク U45-46, 48, 49, 51, 54.

真実 iii, C5, 13, 40, 44, 45-65, 77-78. U67.

心身 E34, 50, 70.

人生 C22, 90, 95. U48, 55, 112. E14-15, 70, 87, 91, 93.

身体 C7, 40, 42-43, 81-82, 96. U50, 61, 67. E23, 25-27, 35, 62, 90-91.

診断 C21, 84. E37.

信頼 C9, 30-32, 51, 54, 59-60, 78-80, 85, 103-104. U11, 16-18, 45, 54, 89-91, 96, 102. E8, 20, 33, 37, 49, 79-81, 82, 96, 99.

神秘 C94.

親密 U81, 105. E63, 86, 91.

心理学 C1, 7, 13, 78, 94, 98. U1, 10, 87, 101, 103, 109, 116. E1, 22, 56, 67, 83.

心理的接触 C12. U32, 36, 57.

心理療法 頻出

人類学 U103.

ストーリー E58.

スーパーヴィジョン［～ヴァイズ, ～ヴァイザー］ C24, 45, 60. U94, 95, 112-113. E36, 69, 93-94, 103.

スピリチュアリティ C72.

索引 131

性依存 U104-105.
生活 C*14*, 28-29, 32. U56, 61, 72, 110. E*16*, 33, 55, 74, 77, 82-83, 87, 103.
制御 U45-46, 48-49, 52. E96.
制限 U*10-11*, 27-28, 29, 55. E64, 102.
誠実な信頼 U102.
精神医学 U103, 109.
精神疾患 U44.
精神病 C*11*, 68-70. E55, 102.
精神分析 C38-39, 84, 93-94. U47, 51, 80, 84, 101, 103, 116. E79, 111.
精神療法 C90-91.
成長 頻出
性的 E92-94.
生命 C*8*, 54, 58. U82. E94.
責任 C46, 53, 60-61, 103. U25, 63, 86, 92. E70, 111.
積極的傾聴 E69.
接触 ii. C*5, 12*, 72, 76, 92. U6, 12, 31-32, 36, 57, 81-82, 84. E*5*, 40, 87, 89-91, 93, 95, 97-98.
説得 C60. U43. E94.
セラピー，セラピスト 頻出
セルフヘルプ U87.
　～システム U47, 54.
潜在 U46, 49, 54. E80, 82, 88, 98.
全体論 E98.
選択 iv. v. U*18*, 31, 33. C*5, 14, 16, 17*, 86, 89, 92, 102. E34, 50-51, 70-71.
専門 C*13*, 50, 59, 94, 103-104. U*15*, 57, 78, 80, 88, 92-93, 104-105, 117. E31-32, 35, 89-90, 99.
相互作用 C42.
創造 C53. U*17*, 57, 62-63, 86, 89. E67, 96-97.
ソーシャル・スキル U81.

[タ行]
体験 頻出
　～過程 C46-53, 57, 58-59, 60, 62, 68-69. U*18*, 105. E24, 30, 55, 78-79, 109-110.
　～的応答 C59, 60-62, 63.
　～療法 U51, 54.
対象関係 C29, 33.
対人関係 C29, 45, 88. U61, 80-81, 85, 88. E67, 71, 73-74, 76-77, 81.
大切にする iv. U*7-8, 14-15*, 24, 33, 37, 38, 40. E33.
態度 C93. U33-34, 101, 116.
他者 頻出
多面性 E86-87.
地域 E35.
知的 E*8*.
治療 頻出
伝え返し →リフレクション
抵抗 C93. U25, 28, 43. E34, 88.
哲学 C57-58, 61. U11, 41, 81, 88, 103. E99.
転移, 逆転移 C22, 38, 59-60, 93. U26, 93.
統計 U51.
統合失調症 C*12*, 68, 69-70, 71, 84. U*12-13, 15, 18*, 109. E47, 50, 108.
洞察 U11, 54. E92.
当事者 C52. U43.
透明（性）C*5, 13-14*, 46-47, 52, 56, 59-60, 64, 78, 80, 91. E*18*.
トラウマ U105.

[ナ行]
内観 U117.
内的世界 E*8, 10*, 59.

ナラティヴ U45-46, 49, 53, 114.
ニューロン U45, 54. E23.
人間観 C98, U113.
人間関係 iii. C*9, 11, 15*, 35, 71. U*14*, 22, 24, 28-29, 32-34, 66, 79, 97, 101, 116. E40, 67-68, 87, 89.
　～療法 U101.
人間性 C50, U7, E89, 93.
　～心理学 i, C98.
認知 頻出
　～行動療法 C84, 101. U47. E102-104.
　～療法 U54, 100-102. E102, 105.
脳 U44-50, 52, 54, 85, 103, 109. E70, 90.
能動的感受 U102.
曝露療法 U49-50, 53.

[ハ行]
パーソナリティ i, C*4-6, 9*, 40, 76, 91. U*14*, E*9*, 56, 67, 83.
パーソンセンタード 頻出
ハラスメント U97.
発達障害 KEINE
犯罪 C27, 95.
反射 C*11, 12*. U*10*, 54.
ピア KEINE
被害者 C29.
PCAGIP法 C103.
引きこもり U57. E55.
非権威主義的態度 U*17-18*.
PCE療法 U51.
PCA →パーソンセンタード 頻出
非指示 C90, 93. U*10, 11, 17-18*, 31, 73, 86. E102.
　原理的～ U*18*.
　道具的～ U*18*.
ピース KEINE

必要十分条件 i, C*8, 21*, 44, 45, 66, 70, 92, 99. U*5, 6-9, 9, 12*, 51. E*5*, 87.
PTSD U50.
ヒューマニスティック U62.
評価的 C77, 85. U*5*, 26.
ヒューマニズム KEINE
表現 頻出
ファシリテーター 頻出
　コ・～ U92-95.
不安 頻出
フィードバック C63, 86. U72, 91. E*9, 12, 16, 20*.
フェルトセンス C58, 62, 67, 69-73. E24-26, 55, 61.
フォーカサー C62, 63, 71. E25, 63, 64, 65.
フォーカシング 頻出
プライミング U49-50.
プレゼンス U*14*. E86.
ブローカ野 U49-50.
プロセス 頻出
辺縁 U*13*, 50, 54.
文章完成検査 U24.
分析心理学 U101.
変質意識状態 →意識
変容 U*8*, 32-33, 35, 44, 70.
保育 vi, U61, 62-63, E40.
防衛 C*15*, 26-27, 31. U*5*, 48, 52, 91.
保護観察 C26-29, 31-33.

[マ行]
マインドフルネス E88.
認める C88, U*8*, 33, 37-41, 73, 93. E88.
無意識 →意識
無条件の積極的関心 ［他巻での言及］ i-iv, vi, C*8, 21*, 26, 28, 33, 78, 85,

90-93. E*5*, *13*, 17-19, 29, 40.
面接　頻出
　〜記録　C21. U32. E51.
メンタライゼーション　U101.
森田療法　U101.
「問題児の治療」　C*7*, *12*. U*10*.

[ヤ行]
勇気　U29, 65, 72, 96. E45, 89-90, 95, 98.
有機体　C35, 41, 45, 52. U*15*, 82-84, 88, 91.
遊戯療法　U24.
夢　U70-71, 74.
要素　U33-34.
抑圧　U36-37, 57.
欲望　U102. E92-94, 98.
欲求　U*5*, 26, 52, 54, 61. E95.
来談者中心　→クライエント中心
ラホイヤプログラム　U69-72.
ラポール　U*4*, *10*.

[ラ行]
リーダー　C*9*. U31, 85-86, 93.
リフレクション　C88. U31-32, 90. E25-26, 28, 44, 56, 64, 66-67.
臨床心理学　C36-37, 57.
倫理　U*18*, 89, 102. E88-93, 94-95, 98.
ロールプレイ　U*19*, 22-23. E24-25.
レゾナンスモデル　C66-73.

[ワ行]
若者　E86-87, 95.
ワークショップ　U65, 92. E56.
我と汝　C36, 59.

ではどうしたら良いか？
　　　──あとがきにかえて──

　　　　飯長喜一郎

　本書はロジャーズの"中核三条件"に関する三分冊の第二巻である。三人の編者による構想以来、四年にしてようやく完成に至ったことに感慨を禁じ得ない。その感慨のひとつにはもちろん、我が国における"三条件"に関する論考の現時点での到達点を、集中的に取りあげたという点で画期的であることが挙げられる。今ひとつには、この出版事業が村山・野島・飯長［敬称略：以下同］という三人の監修者より一世代若い学徒によってなされたということである。

　個人的感慨を述べさせてもらえば、二十年ほど前、クライエント中心療法はそれまでの隆盛の後に勢いを失い、多くの批判にさらされていながらも、必ずしも議論は活発とは言えなかった。むろん、いろいろな方々のご尽力で論考も発表され、出版物もそれなりに存在した。私もそれら著述で学ばせていただいたのは確かである。しかし、あえて言えば、議論はともすると内向きになりがちだったのではないだろうか？　かくいう私自身、クライエント中心療法に対する理解が深まらないまま、怠慢にもルーティンのようにクライエント中心療法について語り、書いていたと告白せざるを得ない。その数年後に勉強を再開してみたら、実は内外ともにそれなりの数の研究者・実践者がPCAやCCTを真剣に探求しており、そこでは若い世代の台頭も見られ、自らの視野の狭さや思い込みを思い知らされた。

　そのとき感じた新しい動きの成果の一端が、本シリーズである。

　本巻の主題《無条件の積極的関心》について少し触れてみよう。と言いつつも、実は"三条件"と言われるものの実態は、編集者の坂中もMerry

(2004) を引用しながら言っているように、一体として考えられるべきものである。しかし、クライエント中心療法には次のような歴史がある。

ロジャーズは1940-50年代という心理学における「ニュートン的科学主義」傾向が強い時期に、セラピストの「態度」や「ありよう」を全体的にまた質的に語る一方で、〈共感〉〈受容〉〈ジェニュインネス〉といった要素に分解しても提示した。それによって、心理療法の本質についての議論が活性化し、研究が促進されたのである。

そして半世紀を経て、再度それら要素を統合して考えようという機運が見られる。池見は本書で「人の感じ方は機械の部品のように細分化されていない」と言っている。坂中やWood (1996) はじめ多くが「臨床的態度」ということでこれらを統合して位置づけようとしているようであり、私もそう考えてきた。しかし一方、池見は、態度が関係のあり方と独立しているとは考えづらく、"中核三条件"は人間関係のあり方を示したものに他ならないと述べている。そして《無条件の積極的関心》は関係を表す他の用語と異なり、それらを総称する用語ではないかとしている。これはMearns (1997) の'relational deapth'を想起させる。またMearnsとCooper (2005) は、"中核条件"が支持されるのは、セラピストが全人的に、共感的に、そしてオープンに援助的関係に没入する際に、これらが完全に一体となって表明される場合である、と言っている。

問題は、日頃、初学者から我々が突きつけられるように、「ではどうしたら良いか？」「どうしたらそのような関係性を構築できるか？」ということである。精神分析家の松木は本書で「［前略］心理療法の有効性は、その治療者が拠って立つ流派の技法の上達にあるのではなく、その人の"こころの治療者"としての全般的な内的／外的姿勢の向上に拠っている」と言っている。この言葉は、少なくともクライエント－セラピストの関係性とその深まりを最重視し、クライエントの内省と成長を目指すタイプの心理療法には当を得た指摘である。さらには、本書でラーゴは、（エンカウンター・グループのファシリテーター向けではあるが）PCAは行動に関してのアイディアや仮定をもたらしてくれるが、わかりやすくて行動に移しやすい指針は得ら

れない、などと言い切っている。かつて村瀬孝雄（2004）は、「心理療法を一つの専門領域と考え、そこでの効果的な実践を望むことになった場合、果たしてこういった明快な考えだけで割り切って過ごせるか」と問題を提起している。村瀬自身は、当時はフォーカシングや内観に強い関心を持っていた。

　心理臨床家の成長は、昔から大きな課題である。心理臨床家の教育訓練については、それぞれの流派において議論されてきたことではある。しかし、クライエント（パーソン）中心療法において身につけるべき力量について一定程度の合意が見られるようになった（と私は考えている）今、改めて真剣にこの問題に取り組んでいく必要があるのではないだろうか。さもないとPCAのこれ以上の発展は期待できないのではないか……とさえ思える。私自身、今一度、各種研究をレヴューするなり、自らを振り返るなりしてみたい。

　近年では、海外と盛んに交流している研究者も増えている。頼もしい限りである。今回の"中核三条件"三分冊の刊行を機に、国内のみならず諸外国との交流も含めて、また、他の立場の心理臨床家・研究者とも、心理療法の条件や効果および教育・訓練について議論がさらに深まることを期待したい。

　最後に、監修者としても、創元社心理学術事業部の津田敏之さん、宮﨑友見子さんの長年のご苦労に対して深甚なる感謝の意を表します。ありがとうございました。

執筆者一覧 （目次掲載順——所属は第1版刊行時のもの）

《一致》
羽間　京子（はざま・きょうこ）　　　　千葉大学教育学部
大石　英史（おおいし・えいじ）　　　　山口大学教育学部
中田　行重（なかた・ゆきしげ）　　　　関西大学臨床心理専門職大学院
日笠　摩子（ひかさ・まこ）　　　　　　大正大学人間学部
田村　隆一（たむら・りゅういち）　　　福岡大学人文学部
キャンベル・パートン Campbell Purton　イーストアングリア大学
成田　善弘（なりた・よしひろ）　　　　成田心理療法研究室
安部　順子（あべ・じゅんこ）　　　　　福岡教育大学教育学部
野口　真（のぐち・まこと）　　　　　　元小学校教諭（現スクールカウンセラー）
広瀬　寛子（ひろせ・ひろこ）　　　　　戸田中央総合病院・看護カウンセリング室
ルース・ジョーンズ Ruth Jones　　　　 個人開業

《受容：無条件の積極的関心》
佐々木正宏（ささき・まさひろ）　　　　聖心女子大学文学部
池見　陽（いけみ・あきら）　　　　　　関西大学臨床心理専門職大学院
岡村　達也（おかむら・たつや）　　　　文教大学人間科学部
村山　尚子（むらやま・なおこ）　　　　心理教育研究所赤坂
安部　恒久（あべ・つねひさ）　　　　　福岡女学院大学大学院臨床心理学専攻
コリン・ラーゴ Colin Largo　　　　　　個人開業
松木　邦裕（まつき・くにひろ）　　　　京都大学大学院教育学研究科
大島　利伸（おおしま・としのぶ）　　　南山大学附属小学校
都能美智代（つのう・みちよ）　　　　　九州産業大学学生相談室
渡邊　忠（わたなべ・ただし）　　　　　一般社団法人日本産業カウンセラー協会
エイモン・オマホリー Amon O'Mahony　 イーストアングリア大学

《共感的理解》
近田　輝行（ちかだ・てるゆき）　　　　フォーカシング研究所コーディネーター
永野　浩二（ながの・こうじ）　　　　　追手門学院大学心理学部
森川　友子（もりかわ・ゆうこ）　　　　九州産業大学国際文化学部
下田　節夫（しもだ・もとお）　　　　　神奈川大学人間科学部
髙橋　紀子（たかはし・のりこ）　　　　福島県立医科大学医学部
スザン・キーズ Susan Keyes　　　　　　個人開業
山﨑　信幸（やまさき・のぶゆき）　　　京都府立洛南病院
本田幸太郎（ほんだ・こうたろう）　　　いわら保育園
寺田　正美（てらだ・まみ）　　　　　　企業研修講師
小野　京子（おの・きょうこ）　　　　　表現アートセラピー研究所

編著者略歴

坂中正義（さかなか・まさよし）

山口県生まれ。
1993年、埼玉大学教育学部卒業。
1997年、九州大学大学院教育学研究科博士後期課程（教育心理学専攻）退学。
1997年、福岡教育大学教育学部助手。
2009年、福岡教育大学教育学部教授。
2011年、博士（心理学）学位取得・九州大学。
2013年〜南山大学人文学部教授。
著書に『ベーシック・エンカウンター・グループにおけるロジャーズの中核3条件の検討』（風間書房, 2012年）、『傾聴の心理学――PCAをまなぶ：カウンセリング／フォーカシング／エンカウンター・グループ』編著（創元社, 2017年）、『[全訂] ロジャーズ――クライアント中心療法の現在』共著（日本評論社, 2015年）など。

三國牧子（みくに・まきこ）

アメリカ、ニューヨーク生まれ。
1987年、立教女学院短期大学幼児教育科卒業。
1997年、玉川大学文学部卒業。
小金井教会幼稚園教諭、Aoba Japan International School国語科教諭を経て
2012年、University of East Anglia博士課程修了（PhD取得）。
2011年〜九州産業大学国際文化学部臨床心理学科准教授。
著書に『子育て支援カウンセリング』共著（図書文化社, 2008年）、『グループ臨床家を育てる』共著（創元社, 2011年）、『人間性心理学ハンドブック』分担執筆（創元社, 2012年）など。

本山智敬（もとやま・とものり）

大分県生まれ。
1998年、九州大学教育学部卒業。
2003年、九州大学大学院人間環境学府博士後期課程単位取得後退学。
2003年、西南学院大学学生相談室常勤カウンセラー。
2009年〜福岡大学人文学部講師。
2016年〜福岡大学人文学部准教授、University of Nottingham客員研究員（〜2017年）。
著書に『パーソンセンタード・アプローチの挑戦』共著（創元社, 2011年）、『心理臨床のフロンティア』共編著（創元社, 2012年）、『人間性心理学ハンドブック』分担執筆（創元社, 2012年）など。

監修者紹介

飯長喜一郎（いいなが・きいちろう）

新潟県生まれ。
1975年、東京大学大学院教育学研究科博士課程単位取得後退学。
お茶の水女子大学教授、日本女子大学教授を経て、現在、国際医療福祉大学大学院特任教授、日本女子大学名誉教授。
編著書に『実践カウンセリング初歩』（垣内出版、1998年）
『新版 ロジャーズ クライエント中心療法』共編者（有斐閣、2011年）などがある。

ロジャーズの中核三条件
〈受容：無条件の積極的関心〉
カウンセリングの本質を考える ②

2015年8月20日　第1版第1刷発行
2025年3月10日　第1版第11刷発行

監修者──飯長喜一郎
編著者──坂中正義
　　　　　三國牧子
　　　　　本山智敬
発行者──矢部敬一
発行所──株式会社 創元社

〈本　社〉
〒541-0047　大阪市中央区淡路町4-3-6
TEL.06-6231-9010（代）　FAX.06-6233-3111（代）
〈東京支店〉
〒101-0051　東京都千代田区神田神保町1-2 田辺ビル
TEL.03-6811-0662
https://www.sogensha.co.jp/

印刷所──株式会社 フジプラス

©2015, Printed in Japan
ISBN978-4-422-11459-0 C3011
〈検印廃止〉

落丁・乱丁のときはお取り替えいたします。

装丁・本文デザイン　長井究衡

JCOPY 〈出版者著作権管理機構 委託出版物〉
本書の無断複製は著作権法上での例外を除き禁じられています。複製される場合は、そのつど事前に、出版者著作権管理機構（電話 03-5244-5088、FAX 03-5244-5089、e-mail: info@jcopy.or.jp）の許諾を得てください。

『ロジャーズの中核三条件』を読むまえに

《パーソンセンタード・アプローチ》
All in One ガイダンスBOOK

傾聴の心理学

PCAをまなぶ

カウンセリング／フォーカシング／エンカウンター・グループ

創元社　2017年刊
A5判並製　212頁　本体2,300円＋税

本書の感想をお寄せください
投稿フォームはこちらから ▶▶▶